北大版海外汉语教材

U0826972

LEARNING Chinese Overseas Textbook

3

海外汉语课本

高明明　岑玉珍　编著

By Gao Mingming & Cen Yuzhen

北京大学出版社
PEKING UNIVERSITY PRESS

图书在版编目(CIP)数据

海外汉语课本. 3 / 高明明(Gao Mingming),岑玉珍(Cen Yuzhen)编著. —北京:北京大学出版社,2013.9

(北大版海外汉语教材)

ISBN 978-7-301-23016-9

Ⅰ.海… Ⅱ.①高… ②岑… Ⅲ.汉语－对外汉语教学－教材 Ⅳ.H195.4

中国版本图书馆CIP数据核字(2013)第186899号

书　　名:海外汉语课本(3)

著作责任者:高明明(Gao Mingming) 岑玉珍(Cen Yuzhen) 编著

责 任 编 辑:贾鸿杰

标 准 书 号:ISBN 978-7-301-23016-9/H·3360

出 版 发 行:北京大学出版社

地　　址:北京市海淀区成府路205号 100871

网　　址:http://www.pup.cn 新浪官方微博:@北京大学出版社

电 子 信 箱:zpup@pup.pku.edu.cn

电　　话:邮购部 62752015 发行部 62750672 编辑部 62753374 出版部 62754962

印 刷 者:北京大学印刷厂

经 销 者:新华书店

787毫米×1092毫米 16开本 17.25印张 372千字

2013年9月第1版 2013年9月第1次印刷

定　　价:62.00元(含课本、汉字练习册、录音文件)

使用说明

一、适用对象

《海外汉语课本》主要面向在欧洲各国大学学习汉语的学生群体，也适合海外一般成年外国学生的课堂教学和自学。《海外汉语课本3》适用于已经完成了《海外汉语课本2》或相近水平的汉语课程的学习者。

二、教材特点

1. 使学生学会最基本、实用的口语句子；

2. 教学内容、篇幅与欧洲大学外语课教学进度及课时长度相近，设计为两学年（每周4学时左右）的课堂教学；

3. 教学内容及课文的情景设计考虑到欧洲学生当地的语言环境；

4. 语音、语法、词语教学内容力求针对学生的需求和难点，例如，增加了汉语拼音和英文翻译的辅助范围和长度。

三、教材内容和体例

1.《海外汉语课本3》共14课，除课本之外，配有相应的汉字练习册和录音文件；

2. 每课包括课文、词语表、语法和练习四大部分；

3. 课文以会话、短文两种形式出现，以大学生日常生活场景为主；

4. 练习部分包括会话、语法、阅读、听力和写作练习。

编　者

于赫尔辛基大学

Introduction

1. The readers

"*Learning Chinese Overseas Textbook*" is a set of textbooks which aims mainly at university students in European countries. They can also be suitable for other adult foreigh students overseas in class room teaching as well as for self-studies. *Learning Chinese Overseas Textbook* 3 suits the learners who have completed *Learning Chinese Overseas Textbook* 2 or similar level of Chinese language courses.

2. The features of the textbooks

(1) The textbooks enable students to grasp the most basic and practical spoken sentences.

(2) The content and the length of the teaching materials are close to European universities' s teaching schedule of foreign languages. The textbooks are designed for two academic years (about 4 hours per week) of classroom teaching.

(3) The content and situational background of teaching materials are designed with the consideration of the native environment of European students.

(4) The teaching of grammar and syntax is designed aim to meet the needs and constrains of the students overseas. Therefore the Chinese phonetic alphabet and English translation are used as helping device more extensively.

3. The content and layout of the textbook

(1) The complete set of *Learning Chinese Overseas Textbook* 3 consists of textbook and a workbook on Chinese characters as well as online recording files.

(2) Each lesson consists of four parts: Text, New Words, Grammar and Exercises.

(3) The texts consist of dialogues and passages mainly with daily life of university students as background.

(4) The exercises consist of practice on conversational skills, grammar, reading, listening and writing.

The compilers
University of Helsinki

芬兰赫尔辛基大学孔子学院对本套教材的插图提供了资助，严禔女士为本套教材绘制了插图，邵伯栋先生校对了全书英文。编者表示衷心的感谢。

The illustration work of this set of textbooks received financial assistance from Confucius Institute at the University of Helsinki. Ms. Yan Ti did all the illustrations and Mr. Shao Bodong proofread the English translation of the textbooks. Their assistance and work are gratefully acknowledged.

目　录

第1课　你们钓到鱼了吗？……1
语法
1 复句与关联词
2 动词重叠（二）
3 "到"作结果补语

第2课　我们得走过去……15
语法
1 复合趋向补语
2 能愿动词"能"
3 "在……"作结果补语
4 动词重叠（三）

第3课　它看上去像月亮……29
语法
1 复合趋向补语的引申意思
2 形容词重叠
3 连动句（三）

第4课　我听得懂简单的汉语……43
语法
1 可能补语（一）"得"+结果补语
2 "不但……，而且……"

第5课　汽车开不进去……56
语法
1 可能补语（二）"得"+趋向补语
2 "连……也/都……"
3 "V+得+了(liǎo)"
4 "所有"与"都"

第6课　他们会高兴得跳起来……70
语法
1 程度补语（三）
2 "V+得+下/着(zháo)"
3 介词"对"与"为"

第7课　谁都会……83
语法
1 疑问代词表示任指
2 "除了……(以外)，也/还……"与"除了……，都……"
3 "从来(不/没)"

第8课 电脑被小猫弄坏了 …… 96

语法
1“被”字句
2“不管……，都……”
3“不仅……，也……”

第9课 小说看完了吗？ …… 110

语法
1 无标志被动句
2 离合动词
3“为了”
4“再”和“又”

第10课 把鸡蛋放在锅里 …… 124

语法
1“把”字句（一）
2 存现句（二）

第11课 他能把自己变成一只鸟 …… 137

语法
1“把”字句（二）
2 反问句（一）

第12课 把屋子收拾收拾 …… 152

语法
1“把”字句（三）
2“一……，就……”

第13课 把头抬得高高的 …… 165

语法
1“把”字句（四）
2“既然……，就……”
3“只要……，就……”

第14课 把地球保护好 …… 181

语法
1“把”字句总复习
2 被动句总复习

附录1 听力文本 …… 191
附录2 总词汇表 …… 197

Contents

Lesson 1 **Did you catch any fish?** 1
Grammar
1 Complex sentences and conjunctions
2 Reduplication of verbs (2)
3 "到" as a complement of result

Lesson 2 **We have to walk over the road** 15
Grammar
1 Compound directional complements
2 Modal verb "能"
3 "在……" as a complement of result
4 Reduplication of verbs (3)

Lesson 3 **It looks like the moon** 29
Grammar
1 Extended meanings of compound directional complements
2 Reduplication of adjectives
3 Sentences with verbal phrases in series (3)

Lesson 4 **I can understand simple Chinese** 43
Grammar
1 Complements of potentiality (1) "得" + Complements of result
2 "不但……, 而且……"

Lesson 5 **We cannot go in by car** 56
Grammar
1 Complements of potentiality (2) "得"+ Complements of direction
2 "连……也/都……".
3 "V+得+了(liǎo)"
4 "所有" and "都"

Lesson 6 **They are so happy that they will jump up with joy** 70
Grammar
1 Complements of degree (3)
2 "V+得+下/着(zháo)"
3 "对" and "为" as preposition

Lesson 7 **Everyone can do it** 83
Grammar
1 Interrogative pronouns indicate general reference
2 "除了……(以外), 也/还……" and "除了……, 都……"
3 "从来(不/没)"

Lesson 8 **The computer was damaged by the cat** ········ **96**
Grammar 1 The "被" sentence
2 "不管……,都……"
3 "不仅……,也……"

Lesson 9 **Have you finished the novel?** ········ **110**
Grammar 1 The unmarked passive sentence
2 Verbs with embedded verb-object structure
3 "为了"
4 "再" and "又"

Lesson 10 **Put the egg in the pan** ········ **124**
Grammar 1 The "把" sentence (1)
2 Sentences of existence (2)

Lesson 11 **He could turn himself into a bird** ········ **137**
Grammar 1 The "把" sentence (2)
2 Rhetorical questions (1)

Lesson 12 **Clean and tidy the room** ········ **152**
Grammar 1 The "把" sentence (3)
2 "一……,就……"

Lesson 13 **I raised my head high** ········ **165**
Grammar 1 The "把" sentence (4)
2 "既然……,就……"
3 "只要……,就……"

Lesson 14 **The earth should be well protected** ········ **181**
Grammar 1 General review of the "把" sentence
2 General review of the "被" sentence

Appendix 1 Listening Script ········ 191
Appendix 2 Index of Vocabulary ········ 197

第1课 Lesson 1

你们钓到鱼了吗？

Nǐmen diào dào yú le ma?

Did you catch any fish?

课文 *Text*

(一)

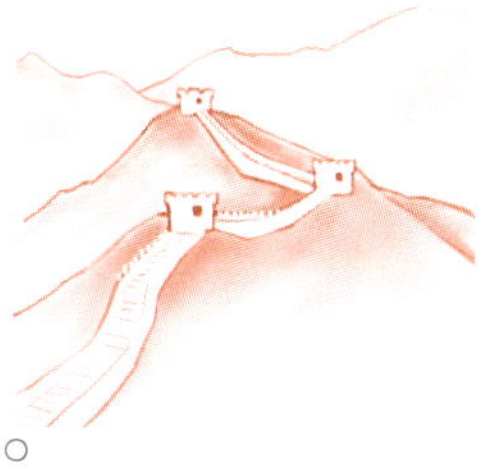

小文：马可，今年夏天过得怎么样？
Xiǎowén　Mǎkě, jīnnián xiàtiān guò de zěnmeyàng?

马可：过得很好，我现在是"好汉"了[1]。
Mǎkě　Guò de hěn hǎo, wǒ xiànzài shì "hǎohàn" le.

小文：我明白了，你爬长城了。
Xiǎowén　Wǒ míngbai le, nǐ pá Chángchéng le.

马可：对，我爬了长城，吃了北京烤鸭，过得特别开心。不过……
Mǎkě　Duì, wǒ pá le Chángchéng, chī le Běijīng kǎoyā, guò de tèbié kāixīn. Búguò......

小文：不过什么？
Xiǎowén　Búguò shénme?

马可：北京夏天天气太热了！
Mǎkě　Běijīng xiàtiān tiānqì tài rè le!

小文：你应该秋天去，人们说，那是北京最好的季节。
Xiǎowén　Nǐ yīnggāi qiūtiān qù, rénmen shuō, nà shì Běijīng zuì hǎo de jìjié.

马可：为什么？
Mǎkě　Wèi shénme?

小文：北京的秋天不冷，不热；不刮风，不下雨；差不
Xiǎowén　Běijīng de qiūtiān bù lěng, bú rè; bù guā fēng, bú xià yǔ; chàbu

多每天都是晴天。
duō měi tiān dōu shì qíng tiān.

马可：这里的秋天天气也不错，而且，秋天树上的叶子
Măkě Zhèli de qiūtiān tiānqì yě búcuò, érqiě, qiūtiān shù shang de yèzi

有的变红了，有的变黄了，特别漂亮。
yǒude biàn hóng le, yǒude biàn huáng le, tèbié piàoliang.

小文：是啊，这儿的秋天是很美，我见过很多照片。
Xiǎowén Shì a, zhèr de qiūtiān shì hěn měi, wǒ jiàn guo hěn duō zhàopiàn.

马可：对了，我从北京给你发了电子邮件，你收到了吗？
Măkě Duì le, wǒ cóng Běijīng gěi nǐ fā le diànzǐ yóujiàn, nǐ shōu dào le ma?

小文：收到了，谢谢。
Xiǎowén Shōu dào le, xièxie.

马可：还有照片，我也发到你的邮箱了。你收到了吗？
Măkě Hái yǒu zhàopiàn, wǒ yě fā dào nǐ de yóuxiāng le. Nǐ shōu dào le ma?

小文：照片？我没有收到。
Xiǎowén Zhàopiàn? Wǒ méiyǒu shōu dào.

马可：那我再发一次。你今年夏天过得好吗？
Măkě Nà wǒ zài fā yí cì. Nǐ jīnnián xiàtiān guò de hǎo ma?

小文：很好，我去林达家的小木屋了。
Xiǎowén Hěn hǎo, wǒ qù Líndá jiā de xiǎo mùwū le.

马可：在哪儿？
Măkě Zài nǎr?

小文：在森林里，旁边有一个小湖，漂亮极了！
Xiǎowén Zài sēnlín li, pángbiān yǒu yí ge xiǎo hú, piàoliang jí le!

马可：你们在那儿每天干什么？
Măkě Nǐmen zài nàr měi tiān gàn shénme?

小文：看看书、做做饭、散散步、
Xiǎowén Kàn kan shū, zuò zuo fàn, sàn san bù,

游游泳、钓钓鱼什么的②。
yóu you yǒng, diào diao yú shénmede.

马可：你们 钓到 鱼了吗？
Mǎkě Nǐmen diào dào yú le ma?

小文：林达的爸爸钓到 了一条 大鱼，很重，一公斤呢！
Xiǎowén Líndá de bàba diào dào le yì tiáo dà yú, hěn zhòng, yì gōngjīn ne!

（二）

马可夏天去北京了。从七月到八月，他在北京住了一个月，这是北京最热的季节。白天最高温度38度左右，热死了③！虽然天气不好，但是马可过得很开心。他认识了一些中国 朋友，还买到了一个最新的电子 词典。
Mǎkě xiàtiān qù Běijīng le. Cóng qīyuè dào bāyuè, tā zài Běijīng zhù le yí ge yuè, zhè shì Běijīng zuì rè de jìjié. Báitiān zuì gāo wēndù sānshíbā dù zuǒyòu, rè sǐ le! Suīrán tiānqì bù hǎo, dànshì Mǎkě guò de hěn kāixīn. Tā rènshi le yìxiē Zhōngguó péngyou, hái mǎi dào le yí ge zuì xīn de diànzǐ cídiǎn.

小文 在 林达家的 小木屋住了十几天。她觉得那儿一切都好。小木屋在农村，离城市 很 远，在一个森林里，旁边就是湖。森林里很安静，湖水很干净，天气比较凉快。但是，蚊子太多了！她真怕那些蚊子。不过，蚊子 不怕小文，它们对 这个“中餐”很 感兴趣。
Xiǎowén zài Líndá jiā de xiǎo mùwū zhù le shí jǐ tiān. Tā juéde nàr yíqiè dōu hǎo. Xiǎo mùwū zài nóngcūn, lí chéngshì hěn yuǎn, zài yí ge sēnlín li, pángbiān jiù shì hú. Sēnlín li hěn ānjìng, hú shuǐ hěn gānjìng, tiānqì bǐjiào liángkuai. Dànshì, wénzi tài duō le! Tā zhēn pà nàxiē wénzi. Búguò, wénzi bú pà Xiǎowén, tāmen duì zhè ge “Zhōngcān” hěn gǎn xìngqù.

小文虽然不喜欢 湖边 的 蚊子，但是她喜欢 在湖边钓 鱼。她跟林达的爸爸学会了钓鱼④。林达的爸爸从下午 钓到 晚上，钓到了一条 大鱼，重一公斤。小文 也 钓
Xiǎowén suīrán bù xǐhuan hú biān de wénzi, dànshì tā xǐhuan zài hú biān diào yú. Tā gēn Líndá de bàba xué huì le diào yú. Líndá de bàba cóng xiàwǔ diào dào wǎnshang, diào dào le yì tiáo dà yú, zhòng yì gōngjīn. Xiǎowén yě diào

到了一条小鱼，比那条大鱼轻900克。你猜，小文的鱼
dào le yì tiáo xiǎo yú, bǐ nà tiáo dà yú qīng jiǔ bǎi kè. Nǐ cāi, Xiǎowén de yú

多重？你猜到了吗？
duō zhòng? Nǐ cāi dào le ma?

(1)

Xiaowen: How was your summer, Mark?

Mark: Very nice. I am now a "true man".

Xiaowen: Now I know. You've been to the Great Wall.

Mark: Yes, I climbed the Great Wall and tasted Beijing roast duck and I had a great time. But...

Xiaowen: But what?

Mark: Summer was extremely hot in Beijing!

Xiaowen: You should go there in autumn. People say autumn is the best season in Beijing.

Mark: Why?

Xiaowen: The weather in autumn is neither cold nor hot and neither windy nor rainy. It is almost sunny every day.

Mark: It is the same here. Some tree leaves turn red and some turn yellow in autumn. It is very beautiful.

Xiaowen: Yes, you said it. I've seen photos about it.

Mark: By the way, I sent you an email from Beijing. Did you get it?

Xiaowen: Yes, I got the email. Thank you.

Mark: And the photos, I sent them to your mailbox, too. Did you get them?

Xiaowen: Photos? I didn't get any photos.

Mark: Well then I'll send them again. How was your summer?

Xiaowen: Very good. I went to Linda's cottage.

Mark: Where is the cottage?

Xiaowen: It's in a forest beside a lake. It is extremely beautiful!

Mark: What did you do there every day?

Xiaowen: We did some reading, cooking, walking, swimming, fishing and so on and so forth.

Mark: Did you catch any fish?

Xiaowen: Linda's father caught a big fish. It was as heavy as one kilo!

(2)

Mark went to Beijing in the summer and stayed there for a month from July to August. That was the hottest season in Beijing with highest temperature of 38 degree during the day time. It was too hot! Although the weather was uncomfortable, Mark had a great time. He got to know some Chinese friends and he bought a new electronic dictionary.

Xiaowen stayed for about ten days in Linda's cottage. She felt good about everything there. The cottage is in the country, far away from cities and it is in a forest beside a lake. The forest is quiet and the lake is very clean. And the weather was quite cool. However there were so many mosquitoes! She was very afraid of them. But the mosquitoes were not afraid of her and they were interested in this "Chinese food".

Although Xiaowen dislikes mosquitoes around the lake, she likes very much fishing by the lake. She learnt how to do fishing from Linda's father. Linda's father caught a big fish, which was as heavy as one kilo. Xiaowen caught a small fish, which was 900 g lighter than the big fish. Have a guess. How heavy is Xiaowen's fish? Have you got the answer?

新词语 *New Words*

1	明白	míngbai	*v.*	to understand
2	开心	kāixīn	*adj.*	happy (enjoy doing something)
3	应该	yīnggāi	*m.v.*	should
4	秋天	qiūtiān	*n.*	autumn
5	人们	rénmen	*n.*	people
6	季节	jìjié	*n.*	season
	季	jì	*n.*	season
7	晴	qíng	*adj.*	sunny
8	叶子	yèzi	*n.*	(of tree) leaf
9	变	biàn	*v.*	to change, to turn
10	黄	huáng	*adj.*	yellow

11	电子邮件	diànzǐ yóujiàn		email
	电子	diànzǐ	*n.*	electronics
	邮件	yóujiàn	*n.*	mail
12	收	shōu	*v.*	to receive (mail)
13	邮箱	yóuxiāng	*n.*	mail box
	箱	xiāng	*n.*	box
14	屋(子)	wū(zi)	*n.*	hut, room
15	散步	sàn bù		to take a walk
16	什么的	shénmede	*pron.*	and so on and so forth
17	公斤	gōngjīn	*m.w.*	kilogram
	斤	jīn	*m.w.*	a measure unit of weight, which is 500 g
18	白天	báitiān	*n.*	day time
	白	bái	*adj.*	white
19	温度	wēndù	*n.*	temperature
20	死	sǐ	*adj./v.*	extremely; to die
21	虽然	suīrán	*conj.*	although
22	一切	yíqiè	*pron.*	every, all
23	农村	nóngcūn	*n.*	countryside
	农	nóng	*n.*	agriculture
24	城市	chéngshì	*n.*	city
25	凉快	liángkuai	*adj.*	cool
26	蚊子	wénzi	*n.*	mosquito
27	怕	pà	*v.*	be afraid
28	轻	qīng	*adj.*	(of weight) light
29	克	kè	*n.*	gram
30	猜	cāi	*v.*	to guess

注释 NOTES

① 我现在是"好汉"了：The implied meaning of the sentence is that "I have been to the Great Wall."

② 看看书、做做饭、散散步、游游泳、钓钓鱼什么的：The phrase "什么的" is used at the end of a list to indicate there are more similar things.

③ 热死了："Adjective+ 死了" indicates that the situation has reached to thc maximum.

④ 小文跟林达的爸爸学会了钓鱼：Xiaowen learns how to do fishing from Linda's father.

语法 Grammar

1. 复句与关联词 Complex sentences and conjunctions

(1) 复句包含两个或两个以上的分句，分句之间用标点"，"(或"；")表示，整个句子有一个完整的意思。各个分句可以有不同的主谓语，如例句(1)；如果数个分句的主语相同，那么除第一句要保留主语外，其他分句的主语可省略，如例句(2)。

A complex sentence is composed of two or more clauses, which are separated by "," (or ";"), to make the meaning of the whole sentence complete. The clauses can take different subjects and predicates, e.g.(1). If a few clauses share one subject, except in the first clause, it can be omitted in the other clauses, e.g.(2).

	clause	clause	clause
(1)	森林里很安静，	湖水很干净，	天气比较凉快。
(2)	我爬了长城，	(我)吃了烤鸭，	(我)过得特别开心。

注意！Attention！

In the above clauses, "和" is not needed. It is wrong to say "森林里很安静，和湖水很干净。"

(2) 复句的分句之间可用关联词来连接，表示分句之间不同的语义关系，例如"虽然……，但是……"结构表示分句之间是转折关系。关联词常成对使用，分别出现在前一分句与后一分句的主语之前或之后。如果前后分句的主语相同，可以只保留其中的一个，如例句(1)。

Clauses in a complex sentence can be linked by conjunctions to indicate various semantic relations between the clauses, e.g. "虽然……，但是……" indicates "although..., ...". Conjuctions are often used in pairs before or after subjects of the first and second clauses. If the two clauses share one subject, one of them can be omitted, e.g. (1)

(1)	她	虽然	不喜欢湖边的蚊子,	但是	(她)喜欢在湖边钓鱼。
(2)	天气	虽然	不好,	但是	马可过得很开心。

2. 动词重叠(二) Reduplication of verbs (2)

动词重叠结构可以表示经常性的、轻松的动作或活动。(动词重叠结构表示动作短暂、随意或尝试的用法详见第二册第一课"动词重叠(一)")

Reduplication of verbs can indicate habitual and relaxing actions or activities. (See Chapter 1 of Book 2 for reduplication of verbs, which indicates short duration or casualness of an action as well as making an attempt.)

(1) 单音节动词的重叠形式是"A一A","一"常省略。Monosyllabic verbs are reduplicated as "A一A", in which "一" is often omitted.

(2) 双音节动词的重叠形式是"ABAB"。
Disyllabic verbs are reduplicated as "ABAB".

(1)	我每天看看书,做做饭,钓钓鱼。	Every day I do some reading, cooking and fishing.
(2)	我们上午休息休息,下午运动运动。	In the morning, we take some rest and in the afternoon we do some exercise.

3. "到"作结果补语 "到" as a complement of result

"到"常位于动词之后作结果补语,表示动作达到了目的或有了结果。

"到", which is placed after verbs as a complement of result, can have the following meanings:

(1) 表示动作的目的达到了。It indicates that an action has reached its target.

(2) 表示动作持续到某个时间。It indicates that an action has continued till a certain time.

(3) 表示人或物随动作达到某个地点。It indicates that an action has brought someone or something to a certain location.

(1)	她收	到	电子邮件了。	She received/ has received the email.
(2)	他钓鱼钓	到	十二点。	He did fishing till 12:00.
(3)	邮件发	到	你的邮箱了。	The email was sent to your mailbox.

练习 Exercises

1. 课文问答练习 Questions and answers on the text

（一）

(1) 马可今年夏天过得怎么样？
Mǎkě jīnnián xiàtiān guò de zěnmeyàng?

(2) 马可在北京干什么了？
Mǎkě zài Běijīng gàn shénme le?

(3) 哪个季节是北京最好的季节？
Nǎ ge jìjié shì Běijīng zuì hǎo de jìjié?

(4) 北京的秋天怎么样？
Běijīng de qiūtiān zěnmeyàng?

(5) 小文收到马可的电子邮件了吗？
Xiǎowén shōu dào Mǎkě de diànzǐ yóujiàn le ma?

(6) 小文收到马可的照片了吗？
Xiǎowén shōu dào Mǎkě de zhàopiàn le ma?

(7) 林达家的小木屋在哪儿？
Líndá jiā de xiǎo mùwū zài nǎr?

(8) 他们每天在那儿干什么？
Tāmen měi tiān zài nànr gàn shénme?

(9) 林达的爸爸钓到鱼了吗？
Líndá de bàba diào dào yú le ma?

(10) 鱼多重？
Yú duō zhòng?

（二）

(1) 马可是什么时候去北京的？
Mǎkě shì shénme shíhou qù Běijīng de?

(2) 北京夏天的天气怎么样？
Běijīng xiàtiān de tiānqì zěnmeyàng?

(3) 白天最高温度多少度？
Báitiān zuì gāo wēndù duōshao dù?

(4) 马可为什么很开心？
Mǎkě wèi shénme hěn kāixīn?

(5) 小文 在小木屋住了多 长 时间？
Xiǎowén zài xiǎo mùwū zhù le duō cháng shíjiān?

(6) 小文 觉得那个地方怎么样？
Xiǎowén juéde nà ge dìfang zěnmeyàng?

(7) 小文 怕 什么？
Xiǎowén pà shénme?

(8) 小文 以前会 钓鱼 吗？ 现在呢？
Xiǎowén yǐqián huì diào yú ma? Xiànzài ne?

(9) 林达的爸爸钓到 鱼了吗？
Líndá de bàba diào dào yú le ma?

(10) 小文 钓的鱼多 重？
Xiǎowén diào de yú duō zhòng?

2. 用所给的词填空 Fill in the blanks with the given words

买 mǎi	写 xiě	收 shōu	发 fā	钓 diào	送 sòng	听 tīng	看 kàn

(1) 你发的邮件我_____到了。
Nǐ fā de yóujiàn wǒ dào le.

(2) 电子词典我已经_____到了。
Diànzǐ cídiǎn wǒ yǐjīng dào le.

(3) 我_____到了森林里的鸟在唱歌。
Wǒ dào le sēnlín li de niǎo zài chàng gē.

(4) 爷爷_____到了一条大鱼。
Yéye dào le yì tiáo dà yú.

(5) 作业很多，我_____到十点。
Zuòyè hěn duō, wǒ dào shí diǎn.

(6) 电影 很 长，我_____到十二点。
Diànyǐng hěn cháng, wǒ dào shí'èr diǎn.

(7) 这个邮件 我已经_____到你的 邮箱了。
Zhè ge yóujiàn wǒ yǐjīng dào nǐ de yóuxiāng le.

(8) 这些花我______到你家吧。
Zhèxiē huā wǒ dào nǐ jiā ba.

3. 把下面的句子变成否定句
Change the following sentences into negative sentences

(1) 他收到电子邮件了。 ______________。
Tā shōu dào diànzǐ yóujiàn le.

(2) 他们买到飞机票了。 ______________。
Tāmen mǎi dào fēijīpiào le.

(3) 爸爸钓到大鱼了。 ______________。
Bàba diào dào dà yú le.

(4) 我昨天看到李老师了。 ______________。
Wǒ zuótiān kàn dào Lǐ lǎoshī le.

(5) 我找到我的钥匙了。 ______________。
Wǒ zhǎo dào wǒ de yàoshi le.

(6) 孩子听到妈妈说的话了。 ______________。
Háizi tīng dào māma shuō de huà le.

4. 根据句子的意思，画线连接A栏和B栏相应的句子
Match the sentences in Group A with those in Group B according to the meanings

A

(1) 今天虽然是晴天，
Jīntiān suīrán shì qíngtiān,

(2) 湖边虽然有蚊子，
Hú biān suīrán yǒu wénzi,

(3) 虽然小木屋很漂亮，
Suīrán xiǎo mùwū hěn piàoliang,

(4) 虽然他钓了一天鱼，
Suīrán tā diào le yì tiān yú,

(5) 小文虽然不喜欢蚊子，
Xiǎowén suīrán bù xǐhuan wénzi,

B

a 但是蚊子喜欢小文。
dànshì wénzi xǐhuan Xiǎowén.

b 但是旁边没有湖。
dànshì pángbiān méiyǒu hú.

c 但是林达不怕。
dànshì Líndá bú pà.

d 但是天气很冷。
dànshì tiānqì hěn lěng.

e 但是没有钓到一条鱼。
dànshì méiyǒu diào dào yì tiáo yú.

5. 用"……什么的"完成下面的会话
Complete the following dialogues by using "……什么的"

E.g. A: 你周末干什么?
B: 我看电影,买东西,看朋友什么的。

(1) A: 你喜欢什么 动物? B: ______。
Nǐ xǐhuan shénme dòngwù?

(2) A: 你学过 什么 外语? B: ______。
Nǐ xué guo shénme wàiyǔ?

(3) A: 你的爱好是什么? B: ______。
Nǐ de àihào shì shénme ?

(4) A: 你喜欢什么 运动? B: ______。
Nǐ xǐhuan shénme yùndòng?

(5) A: 你喝过 什么 茶? B: ______。
Nǐ hē guo shénme chá?

(6) A: 你会 唱 什么 歌? B: ______。
Nǐ huì chàng shénme gē?

(7) A: 你喜欢吃 什么 饭? B: ______。
Nǐ xǐhuan chī shénme fàn?

(8) A: 你喜欢吃 什么 水果? B: ______。
Nǐ xǐhuan chī shénme shuǐguǒ?

6. 根据实际情况完成会话
Complete the following dialogues according to real situations

(1) A: 你今年夏天过 得怎么样? B: ______。
Nǐ jīnnián xiàtiān guò de zěnmeyàng?

(2) A: 这儿夏天的天气怎么样? B: ______。
Zhèr xiàtiān de tiānqì zěnmeyàng?

(3) A: 这儿秋天的天气怎么样? B: ______。
Zhèr qiūtiān de tiānqì zěnmeyàng?

(4) A: 这儿冬天 的天气怎么样? B: ______。
Zhèr dōngtiān de tiānqì zěnmeyàng?

(5) A: 这儿春天的天气怎么样？ B: ________。
Zhèr chūntiān de tiānqì zěnmeyàng?

(6) A: 这儿最好的季节是哪个季节？ B: ________。
Zhèr zuì hǎo de jìjié shì nǎ ge jìjié ?

(7) A: 今天多少度？ B: ________。
Jīntiān duōshao dù?

(8) A: 你昨天收到电子邮件了吗？ B: ________。
Nǐ zuótiān shōu dào diànzǐ yóujiàn le ma?

7. 用所给的汉字填空 Fill in the blanks with the given Chinese characters

(A)	白	死	京	度	变	白	极	们	晴	季
	bái	sǐ	jīng	dù	biàn	bái	jí	men	qíng	jì

马可现在明 1______了，为什么人 2______说，夏天别去北 3______。北京的夏天 4______天的最高温 5______能到 38°C，热 6______了！秋天是最好的 7______节，每天都是 8______天。树上的叶子 9______红了，变黄了，漂亮 10______了！

(B)	农	湖	重	家	林	过	鱼	怕	到	对
	nóng	hú	zhòng	jiā	lín	guò	yú	pà	dào	duì

林达家的小木屋在 1______村，在一个大森 2______里，旁边是一个 3______，漂亮极了！林达全 4______人喜欢在那儿 5______夏天。林达的爸爸会钓 6______。今年夏天他钓 7______了一条很大的鱼，8______两公斤！林达 9______钓鱼不感兴趣，她 10______湖边的蚊子。

8. 听力练习 Listening comprehension

(1) A 电子邮件　　B 一些照片
(2) A 秋天　　B 春天
(3) A 比较凉快　　B 特别热
(4) A 有湖　　B 有森林
(5) A 1公斤　　B 2公斤

9. 课堂活动 Classroom activities

(1) Make sentences with the given words and pictures.

冬天，下雪，刮风

夏天，热，38°C

春天，晴天，花，太阳

秋天 树叶

(2) Tell how you spent your summer.

作业 Homework

1. 用所给的词把下面的句子翻译成汉语 Translate the following sentences into Chinese by using the given words

(1) He often sends emails to his friends. 发
(2) Did you get my text message? 收
(3) She is afraid of exams. 怕
(4) Have a guess. How heavy is this fish? 猜
(5) Some tree leaves turn red and some turn yellow in autumn. 变
(6) Although he likes fishing, he has no time to go fishing. 虽然……，但是……

2. 写作练习 (300汉字左右) Writing exercise

题目：我夏天过得不错（注意使用复句）

Topic: I had a nice summer (try to write complex sentences)

第2课 Lesson 2

我们得走过去
Wǒmen děi zǒu guoqu

We have to walk over the road

课文 Text

(一) 林达和大阳开车去书店

林达： 大阳，你开得太快了。
Líndá Dàyáng, nǐ kāi de tài kuài le.

大阳： 好，我慢一点儿。
Dàyáng Hǎo, wǒ màn yìdiǎnr.

林达： 附近有一个小学，有时，孩子们从学校里跑出来，跑过马路去。
Líndá Fùjìn yǒu yí ge xiǎoxué, yǒushí, háizimen cóng xuéxiào li pǎo chulai, pǎo guo mǎlù qu.

大阳： 知道了。现在我开得还快吗？
Dàyáng Zhīdao le. Xiànzài wǒ kāi de hái kuài ma?

林达： 现在不快了。书店就在这条街上。
Líndá Xiànzài bú kuài le. Shūdiàn jiù zài zhè tiáo jiē shang.

大阳： 我们开进去吧。
Dàyáng Wǒmen kāi jinqu ba.

林达： 看，前面堵车了。汽车不能开进去了。
Líndá Kàn, qiánmian dǔ chē le. Qìchē bù néng kāi jinqu le.

大阳： 我们得下车了，得走过去。
Dàyáng Wǒmen děi xià chē le, děi zǒu guoqu.

林达： 让我看一下地图。先过马路，再往北走。
Líndá Ràng wǒ kàn yíxià dìtú. Xiān guò mǎlù, zài wǎng běi zǒu.

大阳： 那我们过马路吧！
Dàyáng Nà wǒmen guò mǎlù ba!

林达：小心！现在不能过马路！是红灯！
Líndá　Xiǎoxīn！Xiànzài bù néng guò mǎlù! Shì hóngdēng.

大阳：绿灯亮了，我们可以走过去了。
Dàyáng　Lǜdēng liàng le, wǒmen kěyǐ zǒu guoqu le.

林达：这条街很长，我们至少得走十分钟。
Líndá　Zhè tiáo jiē hěn cháng, wǒmen zhìshǎo děi zǒu shí fēnzhōng.

大阳：这个书店真难找！
Dàyáng　Zhè ge shūdiàn zhēn nán zhǎo!

林达：看，有一个人走过来了，他手里拿着一本新书。
Líndá　Kàn, yǒu yí ge rén zǒu guolai le, tā shǒu li ná zhe yì běn xīn shū.

大阳：书店一定在那边！
Dàyáng　Shūdiàn yídìng zài nàbiān!

(二)

大阳住在学生宿舍，离大学比较近，交通很方便。他从宿舍出来，往右拐，过一条马路就到地铁站了。大阳常常坐地铁去上学，因为不堵车，也不用换车。可是，他并[1]不喜欢地铁，因为地铁在地下，得走下去，走上来，太麻烦了！要是天气好，他就走路去学校。
Dàyáng zhù zài xuéshēng sùshè, lí dàxué bǐjiào jìn, jiāotōng hěn fāngbiàn. Tā cóng sùshè chūlai, wǎng yòu guǎi, guò yì tiáo mǎlù jiù dào dìtiězhàn le. Dàyáng chángcháng zuò dìtiě qù shàng xué, yīnwèi bù dǔ chē, yě bú yòng huàn chē. Kěshì, tā bìng bù xǐhuan dìtiě, yīnwèi dìtiě zài dìxià, děi zǒu xiaqu, zǒu shanglai, tài máfan le! Yàshi tiānqì hǎo, tā jiù zǒu lù qù xuéxiào.

其实，大阳最喜欢的交通工具是火车，特别是快车，一小时能开300多公里，又快又舒服。在火车上他还可以看书、上网、看窗户外面的风景。有一次，他在火车上
Qíshí, Dàyáng zuì xǐhuan de jiāotōng gōngjù shì huǒchē, tèbié shì kuàichē, yì xiǎoshí néng kāi sānbǎi duō gōnglǐ, yòu kuài yòu shūfu. Zài huǒchē shang tā hái kě yǐ kàn shū, shàng wǎng, kàn chuānghu wàimian de fēngjǐng. Yǒu yí cì, tā zài huǒchē shang

遇到了一件有趣的事情。大阳 坐的是快车，票比较贵。坐
yù dào le yí jiàn yǒuqù de shìqing. Dàyáng zuò de shì kuàichē, piào bǐjiào guì. Zuò

在他对面 的是一位老人。过了一会儿，检票员走过来了。
zài tā duìmiàn de shì yí wèi lǎorén. Guò le yíhuìr, jiǎnpiàoyuán zǒu guolai le.

他看了看老人的票，说："对不起，先生，您的票 是慢车票，
Tā kàn le kàn lǎorén de piào, shuō: " Duìbuqǐ, xiānsheng, nín de piào shì mànchē piào,

这是快车。"那位老人 并不着急，他笑了笑说："没关系，请
zhè shì kuàichē. " Nà wèi lǎorén bìng bù zháojí, tā xiào le xiào shuō: " Méi guānxi, qǐng

您让司机开得慢 一点儿。"车上 的人听了他的回答，都笑
nín ràng sījī kāi de màn yìdiǎnr. " Chē shang de rén tīng le tā de huídá, dōu xiào

了。大阳后来才知道，那位老人 是一位有名的喜剧演员。
le. Dàyáng hòulái cái zhīdao, nà wèi lǎorén shì yí wèi yǒumíng de xǐjù yǎnyuán.

(1) Linda and Dayang are going to a bookshop by car

Linda: Dayang, you drive too fast.

Dayang: Well, I'll drive a bit slowly.

Linda: There is a primary school nearby. Sometimes kids run out from school and run across the road.

Dayang: Now I know. Am I driving fast now?

Linda: Not now. The bookshop is just on this street.

Dayang: Let's drive in.

Linda: Look, there is traffic jam ahead. The car cannot go in.

Dayang: We have to get off the car and walk over the road.

Linda: Let me look at the map. First we go across the road and then walk toward the north.

Dayang: Well, let's go across the road.

Linda: Be careful! We cannot go across the road now! The traffic light is red.

Dayang: Now green light is on and we can go across the road.

Linda: This street is long and we have to walk at least for ten minutes.

Dayang: It is not easy to find the bookshop.

Linda: Look, someone is coming over with a new book in his hand.

Dayang: The bookshop must be over there!

(2)

Dayang lives in the students' dormitory. It is close to the university and the traffic connection is convenient. He comes out of the dormitory, turns right, goes across a road and then he is at the metro station. Dayang often goes to school by metro, because there is no traffic jam and no need to change bus. However he doesn't like metro, because it is underground so that one has to walk up and down. It is too troublesome! If the weather is fine, he will go to school on foot.

In fact, the best means of transportation Dayang likes is train , especially express train, which can go more than 300 kilometres per hour. On the train he can do reading and surfing on the Internet and he can watch scenery outside the window. Once he came across an interesting thing on the train. Dayang took an express train and the ticket was quite expensive. There was an old man sitting opposite him. A while later, a ticket inspector came over. He checked the old man's ticket and said: "I'm sorry, sir, your ticket is for slow train and this is an express train. " The old man was not worried at all and he smiled and said: "Never mind, please ask the driver to drive a bit slowly." People on the train heard the answer and all of them laughed. Dayang got to know later that the old man is a well-known comedian.

新词语 *New Words*

1	附近	fùjìn	*n.*	nearby
2	马路	mǎlù	*n.*	road
3	街	jiē	*n.*	street
4	堵车	dǔ chē		traffic jam
	堵	dǔ	*v.*	to block
5	往	wǎng	*prep.*	towards (direction)
6	小心	xiǎoxīn	*v.*	be careful, pay attention to
7	灯	dēng	*n.*	lamp, light
8	亮	liàng	*v./adj.*	light, brighten, shine; bright, shining
9	至少	zhìshǎo	*adv.*	at least

10	手	shǒu	*n.*	hand
11	一定	yídìng	*adv.*	surely
12	拐	guǎi	*v.*	to turn (to the left, right, etc.)
13	并	bìng	*adv.*	used before "不/没有" to intensify negation
14	地铁	dìtiě	*n.*	metro, subway
	铁	tiě	*n.*	iron
15	上学	shàng xué		to go to school, (of children) start school
16	换	huàn	*v.*	to change (bus, train)
17	走路	zǒu lù		to go on foot
18	其实	qíshí	*adv.*	in fact
19	上网	shàng wǎng		to get on the Internet
20	窗户	chuānghu	*n.*	window
21	风景	fēngjǐng	*n.*	scenery
	景	jǐng	*n.*	scenery
22	有趣	yǒuqù	*adj.*	amusing
23	事情	shìqing	*n.*	thing, matter, affair
24	快车	kuàichē	*n.*	fast /express train
25	对面	duìmiàn	*n.*	opposite
26	检票	jiǎn piào		to inspect ticket
	检	jiǎn	*v.*	to check
27	慢车	mànchē	*n.*	slow train
28	笑	xiào	*v.*	to laugh, to smile
29	回答	huídá	*n./v.*	answer; to answer

30	喜剧	xǐjù	*n.*	comedy
	剧	jù	*n.*	play, drama
31	演员	yǎnyuán	*n.*	actor, actress
	演	yǎn	*v.*	to perform

注释 NOTES

① "并": "并" is placed before words such as "不" and "没有" to intensify negation. It emphasizes on the fact that is contrary to what should be according to the previous sentence, e.g. "大阳常常坐地铁,可是他并不喜欢地铁。"

语法 Grammar

1. 复合趋向补语(简单趋向补语见第二册第十一课语法)
Compound directional complements (See Chapter 11 of Book 2 for Simple directional complements)

(1) 动词"上"、"下"、"进"、"出"、"回"、"过"、"起"等后面加上"来"、"去",合在一起构成复合趋向补语,表示动作的方向,放在谓语动词之后。常见的复合趋向补语如下(以动词"跑"为例):

Verbs such as "上", "下", "进", "出", "回", "过" and "起" are followed by "来" or "去" to indicate the direction of an act and they are called compound directional complements, which are placed after predicate verbs. The commonly used compound directional complements are as follows (Take the verb "跑" as an example):

	上	下	进	出	回	过	起
来	跑上来	跑下来	跑进来	跑出来	跑回来	跑过来	跑起来
去	跑上去	跑下去	跑进去	跑出去	跑回去	跑过去	——

(2) 谓语动词带处所宾语(表示地点的词语)时,处所宾语需放在"来"或"去"的前面。

When the verb is followed by an object of place (words indicating location), this word is placed before "来"or "去". Take the verb "跑" as an example:

(1)	孩子	跑	上	楼	来	了。	The child ran upstairs.
	孩子	跑	下	楼	去	了。	The child ran downstairs.
(2)	孩子	跑	进	房间	来	了。	The child ran into the room.
	孩子	跑	出	房间	去	了。	The child ran out of the room.
(3)	孩子	跑	过	马路	去	了。	The child ran across the road.

⚠ 注意！ Attention！

It is wrong to say: ×孩子跑过去马路了。

2. 能愿动词"能"　Modal verb "能"

"能+V"表示有能力做某事或能力达到一定的程度，如例句(1)。"能+V"还表示请求得到允许(也常用"可以")，肯定的回答是"可以、行"等或重复请求问句里的动词，否定式是"不能、不可以、不行"等，如例句(2)。

"能+V" indicates ability to do something or that the ability has reached to a certain degree, e.g.(1). "能+V" also expresses a request for permission ("可以" can also be used often in this case). To answer positively to the request, use "可以、行" etc. or repeat the verb in the request. The negative answer to the request is "不可以、不行、不能" etc., e.g.(2).

(1)	他	能	吃20个饺子。	He can eat 20 dumplings.
	快车一小时	能	开300公里。	Express train can go 300 km per hour.
(2)	现在	能	过马路。	Now we can cross the road.
	现在	不能	过马路。	Now we cannot cross the road.
	A: 我	能	进来吗？	May I come in?
	B:		可以。/进来吧。	Yes./ Come in.
			不行。	No.

3. "在……"作结果补语　"在……" as a complement of result

"在……"位于动词之后作结果补语，表示人或事物通过动作停留在某处。因此，"V+在……"的后面是表示处所的词语。

"在……", which is placed after verbs as a complement of result, indicates that someone or somcthing is brought to a certain place to remain there via actions. Therefore "V+在……" structure is followed by words which indicate location.

(1)	他住	在	学生宿舍。	He lives in the students' dormitory.
(2)	他坐	在	对面。	He is sitting on the opposite side.
(3)	他躺	在	床上。	He is lying in bed.

4. 动词重叠(三)　Reduplication of verbs (3)

助词"了"位于重叠的单音节动词之间，表示这个动作完成了，并且比较短暂，如例句(2)。不带"了"的动词重叠(详见本册第一课、第二册第一课)一般不表示动作的完成。比较带"了"与不带"了"的单音节动词重叠结构：

"了" is inserted between reduplicated monosyllabic verbs to indicate that the action was completed, e.g.(2). Without "了", the reduplicated monosyllabic verbs usually do not indicate completion of actions. (See Chapter 1 of this book and Chapter 1 in Book II.) Compare reduplication of monosyllabic verbs with or without "了":

(1)	他要	看看	车票。	He wants to have a look at the ticket.
(2)	他	看了看	车票。	He had a look at the ticket.

练习 Exercises

1. 课文问答练习 Questions and answers on the text

(一)

(1) 大阳 开 车 开得怎么样?
Dàyáng kāi chē kāi de zěnmeyàng?

(2) 林达为什么 让 大阳 慢一点儿?
Líndá wèi shénme ràng Dàyáng màn yìdiǎnr?

(3) 孩子们 常常 怎么过马路?
Háizimen chángcháng zěnme guò mǎlù?

(4) 书店 在哪儿?
Shūdiàn zài nǎr?

(5) 汽车能 开进去吗? 为 什么?
Qìchē néng kāi jìnqu ma? Wèi shénme?

(6) 他们怎么 去 书店?
Tāmen zěnme qù shūdiàn?

(7) 林达为 什么 说 不 能 过马路?
Líndá wèi shénme shuō bù néng guò mǎlù?

(8) 大阳 为什么 说 书店 一定 在那儿?
Dàyáng wèi shénme shuō shūdiàn yídìng zài nàr?

(二)

(1) 大阳 住 在哪儿?
Dàyáng zhù zài nǎr?

(2) 宿舍离学校 远 不 远?
Sùshè lí xuéxiào yuǎn bu yuǎn?

(3) 宿舍附近的交通 怎么样？
Sùshè fùjìn de jiāotōng zěnmeyàng?

(4) 他为什么 总是 坐地铁？
Tā wèi shénme zǒngshì zuò dìtiě?

(5) 他喜欢地铁吗？ 为什么？
Tā xǐhuan dìtiě ma? Wèi shénme?

(6) 大阳 最喜欢的交通 工具 是 什么？
Dàyáng zuì xǐhuan de jiāotōng gōngjù shì shénme?

(7) 在火车 上 人们可以做 什么？
Zài huǒchē shang rénmen kěyǐ zuò shénme?

(8) 那位老人坐 在哪儿？
Nà wèi lǎorén zuò zài nǎr?

(9) 老人的 火车票 有 什么 问题？
Lǎorén de huǒchēpiào yǒu shénme wèntí?

(10) 那位老人是干 什么 的？
Nà wèi lǎorén shì gàn shénme de?

2. 选择正确的词，放在括号里
Select the right word and put it in the bracket

(1) 山 不 高，我们 都 爬（　　）了。　A 上来　B 下来
Shān bù gāo, wǒmen dōu pá　　le.

(2) 门开了，一只小 猫跑（　　）了。　A 出来　B 上来
Mén kāi le, yì zhī xiǎo māo pǎo　　le.

(3) 现在 是绿灯，我们快跑（　　）吧。　A 过来　B 过去
Xiànzài shì lǜdēng, wǒmen kuài pǎo　　ba.

(4) 学校很近，我们 走（　　）吧。　A 过去　B 出去
Xuéxiào hěn jìn, wǒmen zǒu　　ba.

(5) 我看见一个人从 船 上 走（　　）。　A 下来　B 上去
Wǒ kànjiàn yí ge rén cóng chuán shang zǒu

(6) 没有 汽车了，我们走（　　）吧。　A 回来　B 回去
Méiyǒu qìchē le, wǒmen zǒu　　ba.

3. 根据例句完成下面的句子
Complete the sentences according to the example

E.g. 汽车开进<u>学校</u>去了。	进去　学校

(1) 孩子们常常　跑 ________。　　过去　马路
Háizimen chángcháng pǎo

(2) 我看见一个人走 ________ 了。　　进去　办公室
Wǒ kànjiàn yí ge rén zǒu　le.

(3) 下课了，学生们　都走 ________ 了。　　出来　教室
Xià kè le, xuéshēngmen dōu zǒu　le.

(4) 电梯坏了，只好爬 ________。　　上去　楼
Diàntī huài le, zhǐhǎo pá

(5) 汽车开 ________ 了。　　进去　河里
Qìchē kāi　le.

(6) 一只小猫 爬 ________ 了。　　上去　树
Yì zhī xiǎo māo pá　le.

4. 根据句子的意思，画线连接A栏和B栏相应的句子
Match the sentences in Group A with those in Group B according to the meanings

A

(1) 我看　电影的时候，
Wǒ kàn diànyǐng de shíhou,

(2) 这是 我的词典，
Zhè shì wǒ de cídiǎn,

(3) 李老师的家在这儿，
Lǐ lǎoshī de jiā zài zhèr,

(4) 国王　坐 在左边，
Guówáng zuò zài zuǒbian,

(5) 他病了， 现在
Tā bìng le, xiànzài

B

a 医生 站 在 右边。
yīshēng zhàn zài yòubian.

b 躺 在　床　上 呢。
tǎng zài chuáng shang ne.

c 请 你放在 桌子上。
qǐng nǐ fàng zài zhuōzi shang.

d 她住在二楼。
tā zhù zài èr lóu.

e 喜欢坐在 前面。
xǐhuan zuò zài qiánmian.

5. 根据地图回答下面的问题

Answer the following questions according to the map

用“过马路，往 +左/右/东/西/南/北/前/后+走/拐”

> E.g.　A:去地铁站怎么走？
> 　　　B:过马路，往东/右拐。

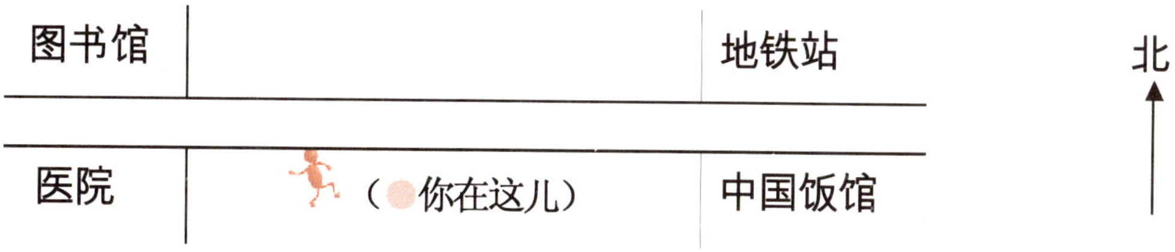

(1) 去地铁站 怎么走？
Qù dìtiězhàn　zěnme zǒu?

(2) 去图书馆 怎么 走？
Qù túshūguǎn zěnme zǒu?

(3) 去医院怎么 走？
Qù yīyuàn zěnme zǒu?

(4) 去　中国 饭馆儿怎么走？
Qù Zhōngguó fànguǎnr zěnme zǒu?

(5) 你猜，这个人 要去哪儿？
Nǐ cāi,　zhè ge rén yào qù　nǎr?

(6) 如果你是他，你想 去哪儿？
Rúguǒ　nǐ shì tā,　nǐ xiǎng qù nǎr?

6. 根据例句完成会话　Make dialogues according to the example

> E.g. Ask if you can go into Teacher Li's office.
> A:李老师，我能进来吗？
> B: 可以。/对不起，现在不行。/不能。

(1) Ask if you can call the person.

A:________________？　　　　B:________________。

(2) Ask if you can send an email to the person.

A:______________? B:______________。

(3) Ask if you can have a look at the person's book.

A:______________? B:______________。

(4) Ask if you can have a look at the person's map.

A:______________? B:______________。

(5) Ask if you can ask a question.

A:______________? B:______________。

(6) Ask if you can turn on the TV.

A:______________? B:______________。

(7) Ask if you can use dictionary in the exam.

A:______________? B:______________。

(8) A child asks the mother if he can have an ice-cream.

A:______________? B:______________。

7. 根据实际情况完成下列对话

Complete the following dialogues according to real situations

(1) A: 你家离学校远吗? B:______________。

Nǐ jiā lí xuéxiào yuǎn ma?

(2) A: 从你家到学校交通方便吗? B:______________。

Cóng nǐ jiā dào xuéxiào jiāotōng fāngbiàn ma?

(3) A: 你觉得坐地铁上学怎么样? B:______________。

Nǐ juéde zuò dìtiě shàngxué zěnmeyàng?

(4) A: 你最喜欢的交通工具是什么? B:______________。

Nǐ zuì xǐhuan de jiāotōng gōngjù shì shénme?

(5) A: 从你家到附近的商店怎么走? B:______________。

Cóng nǐ jiā dào fùjìn de shāngdiàn zěnme zǒu?

(6) A: 从你家到附近的银行怎么走? B:______________。

Cóng nǐ jiā dào fùjìn de yínháng zěnme zǒu?

(7) A: 你十分钟能写多少个汉字? B:______________。

Nǐ shí fēnzhōng néng xiě duōshao ge Hànzì?

(8) A: 你能 吃 多少 个饺子?　　B: ________。
Nǐ néng chī duōshao ge jiǎozi?

(9) A: 考试 的时候 能 用 词典 吗?　　B: ________。
Kǎoshì de shíhou néng yòng cídiǎn ma?

(10) A: 没有 护照 能 去 外国 旅行吗?　　B: ________。
Méiyǒu hùzhào néng qù wàiguó lǚxíng ma?

8. 用所给的汉字填空　Fill in the blanks with the given Chinese characters

(A)	开	去	虽	路	出	灯	是	能	心	有
	kāi	qù	suī	lù	chū	dēng	shì	néng	xīn	yǒu

马 1______旁边有一个小学，孩子们 2______时从学校里跑 3______来，跑过马路 4______。所以开车得 5______得慢一点儿。6______然孩子们知道，红 7______的时候，他们不 8______过马路，但 9______，有的孩子不小 10______。

(B)	近	地	堵	离	坐	下	有	上	烦	交
	jìn	dì	dǔ	lí	zuò	xià	yǒu	shàng	fán	jiāo

大阳的宿舍 1______学校不太远，2______通非常方便。3______铁站就在附 4______。虽然坐地铁不 5______车，可是得走 6______去，走上来，太麻 7______了！他很喜欢 8______火车，因为在火车 9______他可以遇到 10______趣的人和事。

9. 听力练习　Listening comprehension

(1) A 西　　B 东
(2) A 比较近　　B 特别远
(3) A 慢车　　B 快车
(4) A 是红灯　　B 堵车了
(5) A 山上　　B 山下

10. 课堂活动　Classroom activities

(1) How do you go to school every day?

(2) What is your favorite means of transportation?

作业　*Homework*

1. 用所给的词把下面的句子翻译成汉语
Translate the sentences into Chinese by using the given words

(1) Turn left and you will arrive at the metro station.	往……拐
(2) There is often traffic jam in the morning.	堵车
(3) He always goes to school by car.	总是
(4) Near the school there is a park.	附近
(5) The railway station is just opposite my home.	对面

2. 写作练习 (300 汉字左右)　Writing exercise

题目:你最喜欢的交通工具

Topic: Your favorite means of transportation

第3课 Lesson 3

它看上去像月亮

Tā kàn shangqu xiàng yuèliang

It looks like the moon

课文 Text

(一)

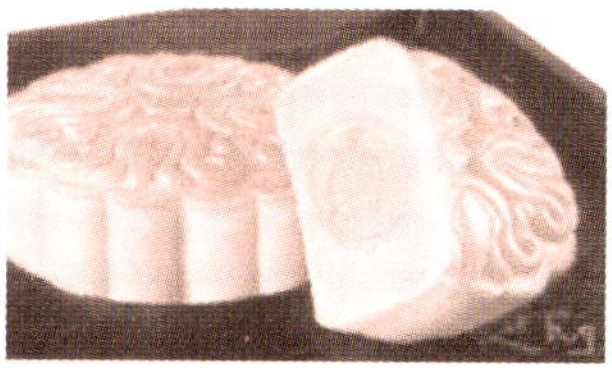

大卫：小文，你手里拿着什么？
Dàwèi　Xiǎowén, nǐ shǒu li ná zhe shénme?

小文：你猜！这是什么？我是在中国城买的。
Xiǎowén　Nǐ cāi! Zhè shì shénme? Wǒ shì zài Zhōngguóchéng mǎi de.

大卫：让我看看。闻起来很香，是蛋糕吧？
Dàwèi　Ràng wǒ kàn kan. Wén qilai hěn xiāng, shì dàngāo ba?

小文：不是，是月饼，你尝尝。
Xiǎowén　Bú shì, shì yuèbing, nǐ cháng chang.

大卫：好。味道很特别，甜甜的，软软的。为什么叫这个名字？
Dàwèi　Hǎo. Wèidao hěn tèbié, tiántián de, ruǎnruǎn de. Wèi shénme jiào zhè ge míngzi?

小文：因为它圆圆的，看上去像月亮，所以叫月饼。
Xiǎowén　Yīnwèi tā yuányuán de, kàn shangqu xiàng yuèliang, suǒyǐ jiào yuèbing.

大卫：我看，它看上去也像太阳。为什么不叫太阳饼？
Dàwèi　Wǒ kàn, tā kàn shangqu yě xiàng tàiyang. Wèi shénme bú jiào tàiyangbǐng?

小文：太阳饼？哈哈，这个名字太有意思了！
Xiǎowén　Tàiyangbǐng? Haha, zhè ge míngzi tài yǒu yìsi le!

大卫：我知道，你笑话我。那请你介绍一下月饼吧。
Dàwèi　Wǒ zhīdao, nǐ xiàohua wǒ. Nà qǐng nǐ jièshao yíxià yuèbing ba.

小文：月饼是中秋节时吃的。
Xiǎowén　Yuèbing shì Zhōngqiū Jié shí chī de.

大卫：中秋节是什么时候？
Dàwèi Zhōngqiū Jié shì shénme shíhou?

小文：是中国阴历①的八月十五日，月亮圆的那一天。
Xiǎowén Shì Zhōngguó yīnlì de bāyuè shíwǔ rì, yuèliang yuán de nà yì tiān.

大卫：一边看月亮，一边吃月饼，多么浪漫啊②！
Dàwèi Yìbiān kàn yuèliang, yìbiān chī yuèbing, duōme làngmàn a!

小文：关于中秋节和月饼，还有很多故事呢！
Xiǎowén Guānyú Zhōngqiū Jié hé yuèbing, hái yǒu hěn duō gùshi ne!

大卫：太有意思了！你再讲讲。
Dàwèi Tài yǒu yìsi le! Nǐ zài jiǎng jiǎng.

小文：对不起，不能讲下去了，我还有事要做。你上网看吧。
Xiǎowén Duìbuqǐ, bùnéng jiǎng xiàqu le, wǒ hái yǒu shì yào zuò. Nǐ shàng wǎng kàn ba.

大卫：那你告诉我网站的名字，好吗？
Dàwèi Nà nǐ gàosu wǒ wǎngzhàn de míngzi, hǎo ma?

小文：好，网站的名字是……
Xiǎowén Hǎo, wǎngzhàn de míngzi shì…

大卫：你说得慢一点儿，我记下来。
Dàwèi Nǐ shuō de màn yìdiǎnr, wǒ jì xialai.

（二）

关于中秋节和月饼，有一个故事。很久以前，有一个姑娘，名字叫嫦娥。她吃了一种药，身体变得越来越轻，一直向天上飞去，最后飞到了月亮上。没想到，月亮上只有一个男人③和一只兔子。嫦娥没有事情可做，每天在
Guānyú Zhōngqiū Jié hé yuèbing, yǒu yí ge gùshi. Hěn jiǔ yǐqián, yǒu yí ge gūniang, míngzi jiào Cháng'é. Tā chī le yì zhǒng yào, shēntǐ biàn de yuèláiyuè qīng, yì zhí xiàng tiān shang fēi qù, zuìhòu fēi dào le yuèliang shang. Méi xiǎng dào, yuèliang shang zhǐ yǒu yí ge nánrén hé yì zhī tùzi. Cháng'é méiyǒu shìqing kě zuò, měi tiān zài

月亮 上跳舞。
yuèliang shang tiào wǔ.

阴历的八月十五日是中秋节，也是月圆的那天。在中
Yīnlì de bāyuè shíwǔ rì shì Zhōngqiū Jié, yě shì yuè yuán de nà tiān. Zài Zhōng
国，这一天人们都放假。一家人在一起，高高兴兴地过
guó, zhè yì tiān rénmen dōu fàng jià. Yì jiā rén zài yìqǐ, gāogāoxìngxìng de guò
节。他们一边看着圆圆的月亮，一边吃着甜甜的月饼。
jié. Tāmen yìbiān kàn zhe yuányuán de yuèliang, yìbiān chī zhe tiántián de yuèbing.
爷爷、奶奶给孙子、孙女讲嫦娥的故事。老人们说，中秋
Yéye, nǎinai gěi sūnzi, sūnnǚ jiǎng Cháng'é de gùshi. Lǎorénmen shuō, Zhōngqiū
节这天晚上，人们能看到月亮上有一个美丽的姑娘，
Jié zhè tiān wangshang, rénmen néng kào dào yuèliang shang yǒu yí ge měilì de gūniang,
她长得高高的，瘦瘦的，头发黑黑的，穿着 长长 的裙子
tā zhǎng de gāogāo de, shòushòu de, tóufa hēihēi de, chuān zhe chángcháng de qúnzi
跳舞。
tiào wǔ.

不过，今年的中秋节，这儿的人没有看到月亮，因
Búguò, jīnnián de Zhōngqiū Jié, zhèr de rén méiyǒu kàn dào yuèliang, yīn
为是阴天，天上有很多云。大卫说，那天他看到了嫦娥
wèi shì yīn tiān, tiān shang yǒu hěn huō yún. Dàwèi shuō, nà tiān tā kàn dào le Cháng'é
和兔子，是在 网站 上，但是他没有找到那个男人。
hé tùzi, shì zài wǎngzhàn shang, dànshì tā méiyǒu zhǎodào nà ge nánrén.

(1)

David: Xiaowen, what do you have in your hand?

Xiaowen: Guess! What is it? I bought it in Chinatown.

David: Let me have a look. It smells nice. It is a cake, isn't it?

Xiaowen: No, it is moon cake. Please have a taste.

David: All right. It tastes special, very sweet and soft. Why does it have this name?

Xiaowen: Because it is quite round and it looks like the moon.

David: To me, it looks like the sun, too. Why it isn't called sun cake?

Xiaowen: Sun cake? Ha ha, this name is very interesting.

David: I know you laugh at me. Then tell me something about the moon cake.

Xiaowen: It is eaten at the Mid-autumn Festival.

David: When is the Mid-autumn Festival?

Xiaowen: It is on the 15th of lunar August, the day of the full moon.

David: How romantic it is! Watching the moon while eating moon cakes!

Xiaowen: There are many stories about the Mid-autumn Festival and moon cake.

David: Very interesting! Tell me more about it.

Xiaowen: Sorry, I cannot go on now. I've got something to do. Get on Internet.

David: Can you recommend one website?

Xiaowen: Yes, the name of the website is...

David: Say it slowly and I write it down.

(2)

There is a story about the Mid-autumn Festival and moon cake. Long time ago there was a girl called Chang'e. After she took a kind of medicine, her body became lighter and lighter and she flew all the way to the moon. Finally she landed on the moon only to find that there was only a man and a rabbit. Chang'e had nothing to do so that she danced every day.

The Mid-autumn Festival falls on the 15th of lunar August and it is also the day of the full moon. In China, this is a public holiday. Family members get together happily to celebrate the festival. They watch the full moon while eating sweet moon cakes. Grandparents would tell stories about Chang'e to their grandsons and granddaughters. Old people say that on the night of the Mid-autumn Festival one can see a beautiful girl on the moon. She is quite tall and slim and her hair is black. She is wearing a long skirt while dancing.

However, people here didn't see the full moon this year because there was a lot of cloud in the sky. David said that he saw Chang'e and the rabbit on that day on the website. But he didn't find the man.

新词语 *New Words*

1	看上去	kàn shangqu	*v.p.*	to look like
2	像	xiàng	*v.*	to resemble

3	月亮	yuèliang	*n.*	the moon
4	中国城	Zhōng-guóchéng	*n.*	Chinatown
	城	chéng	*n.*	town, city
5	闻	wén	*v.*	to smell
6	香	xiāng	*adj.*	fragrant, good smell
7	月饼	yuèbing	*n.*	moon cake
	月	yuè	*n.*	the moon
	饼	bǐng	*n.*	(moon) cake, pancake
8	尝	cháng	*v.*	to taste
9	味道	wèidao	*n.*	taste
10	软	ruǎn	*adj*	soft
11	圆	yuán	*adj.*	round
12	哈	hā	*o.w.*	sound of laughter (onomatopoeia)
13	中秋	Zhōngqiū	*n.*	Mid-autumn (festival)
14	阴历	yīnlì	*n.*	lunar calendar
15	多么	duōme	*int.*	How…!
16	浪漫	làngmàn	*adj.*	romantic
17	关于	guānyú	*prep.*	about
18	网站	wǎngzhàn	*n.*	website
19	记(下来)	jì (xialai)	*v.*	to note (down)
20	姑娘	gūniang	*n.*	girl
	姑	gū	*n.*	aunt
	娘	niáng	*n.*	mother
21	嫦娥	Cháng'é	*p.n.*	Chang'e
22	向	xiàng	*prep.*	towards (direction)
23	兔子	tùzi	*n.*	rabbit

24	跳舞	tiào wǔ		to dance
	跳	tiào	*v.*	to jump
	舞	wǔ	*n./v.*	dance; to dance
25	孙子	sūnzi	*n.*	grandson
26	孙女	sūnnü	*n.*	granddaughter
27	美丽	měilì	*adj.*	beautiful
28	长	zhǎng	*v.*	to grow
29	瘦	shòu	*adj.*	thin, slim
30	头发	tóufa	*n.*	hair (on the head of human beings)
31	阴	yīn	*adj.*	cloudy
32	云	yún	*n.*	cloud

注释 NOTES

① 阴历和中秋节：lunar calendar and the Moon Festival

Lunar calendar is based on cycles of the lunar phase. It is still used in China especially in rural areas or among some old people. The Moon Festival falls on the fifteenth in August of lunar calendar when the moon becomes full. In Gregorian calender, the festival is in late September or early October.

② "多么浪漫啊！": How romantic it is! "多(么)+adjective+啊" makes an exclamatory sentence.

③ 月亮上的男人：The man on the moon

Legend says that there was a man called Wu Gang. He committed a crime and was punished to do endless labour of cutting tree branches which would never stop growing.

语法 Grammar

1. 复合趋向补语的引申意思

Extended meanings of compound directional complements

复合趋向补语除了表示动作的方向之外，还可以和一些动词结合表达其他的意思。

Apart from indicating directions of verbs, compound directional words can also be combined with some verbs to express other meanings.

(1) “看/听/闻+上去/起来”：表示根据外观、声音及气味等进行估计。It means to judge from appearance, sound or smell.

(2) “V+下去”：表示动作已经开始并继续进行下去。It means that the action which has already started continues.

(3) “写/记+下来”：表示记录在本子上或纸上。It means to write or note something down in a book or on a piece of paper.

(1)	月饼	看上去/起来	像月亮。	The moon cake looks like the moon.
	这个月饼	闻上去/起来	很香。	The moon cake smells nice.
	这个故事	听上去/起来	很有意思。	This story sounds interesting.
(2)	不能	讲下去了。		Can't go on with talking.
	请你	唱下去。		Please go on with singing.
(3)	他	写下来	了。	He wrote it down.
	他	记下来	了。	He noted it down.

2. 形容词重叠 Reduplication of adjectives

一部分口语性比较强的形容词(多是单音节)可以重叠，表示程度加深，常用于描述事物，有喜爱的意思。

Some adjectives (many of them are monosyllabic), which are frequently used in spoken Chinese, can be reduplicated for intensification. They are used to describe things with implication of likeness.

形容词重叠的方式，单音节是AA(如：大大)，双音节是AABB (如：高高兴兴)。形容词重叠形式在句子中作谓语、定语、补语时，常常要加“的”，如例句(1)；作状语时，常常要加“地”，如例句(2)。

Monosyllabic adjectives are reduplicated as “AA” (e.g. 大大) while disyllabic adjectives are reduplicated as “AABB” (e.g. 高高兴兴). Reduplicated adjectives are often followed by “的”, e.g.(1), to function as a predicate, an attribute or a complement in a sentence. Reduplicated adjectives are often followed by “地”, e.g.(2), to function as adverbials.

(1)	月饼	圆圆的。		The moon cake is quite round.
	她穿着	长长的	裙子。	She is wearing a quite long skirt.
	她长得	高高的。		She is quite tall.
(2)	他们	高高兴兴地	过节。	They celebrate the festival happily.

⚠ 注意！ Attention!

形容词重叠后描写性更强，程度更高，所以，前面不加“很、非常”等词修饰。如，不能说：× 月饼很圆圆的。应为：月饼圆圆的。

形容词重叠也不用于否定形式。如，不能说：× 月饼不圆圆的。应为：月饼不圆。

Reduplicated adjectives intensify the description to indicate a high degree. Therefore words such as “很、非常” etc. are not needed. e.g. It’s wrong to say: × 月饼很圆圆的。Correct sentence: 月饼圆圆的。

Reduplicated adjectives do not appear in negative forms. e.g. It’s wrong to say: × 月饼不圆圆的。Correct sentence: 月饼不圆。

3. 连动句(三) Sentences with verbal phrases in series (3)

“有(没有)事情(可)做”是连动结构，其中前一个动词是“有”，如例句(1)，或“没有”，如例句(2)，其宾语也是后一个动词的宾语。后一个动词前常带情态动词“可以、能、要”等。

“有(没有)事情(可)做” is a structure of verbal phrases in series, in which the first verb is often “有”, e.g.(1), or “没有”, e.g.(2). The object of the first verb is also shared with the second verb, which is preceded by “可以、能、要”, etc.

(1)	我	有1	事情要	做2	。	I have something to do.
	我	有1	很多东西要	买2	。	I have many things to buy.
(2)	她	没有1	事情(可)	做2	。	She has nothing to do.
	我	没有1	什么东西要	买2	。	I have nothing to buy.

练习 Exercises

1. 课文问答练习 Questions and answers on the text

(一)

(1) 小文 手里拿着什么？
Xiǎowén shǒu li ná zhe shénme?

(2) 她是在哪儿买的？
Tā shì zài nǎr mǎi de?

(3) 为什么叫这个名字？
Wèi shénme jiào zhè ge míngzi?

(4) 月饼的味道怎么样？
Yuèbing de wèidao zěnmeyàng?

(5) 人们 什么时候吃月饼?
Rénmen shénme shíhou chī yuèbing ?

(6) 中秋节 在几月几号?
Zhōngqiū Jié zài jǐ yuè jǐ hào ?

(7) 中秋节 是一个什么样的节日?
Zhōngqiū Jié shì yí ge shénmeyàng de jiérì?

(8) 在哪儿可以看到关于 中秋节 的故事?
Zài nǎr kěyǐ kàn dào guānyú Zhōngqiū Jié de gùshi?

(二)

(1) 故事 中的 姑娘叫什么 名字?
Gùshì zhōng de gūniang jiào shénme míngzi?

(2) 她的身体为什么 变 轻了?
Tā de shēntǐ wèi shénme biàn qīng le?

(3) 月亮 上 有什么?
Yuèliang shang yǒu shénme?

(4) 嫦娥 每天做什么?
Cháng'é měi tiān zuò shénme?

(5) 人们 怎么过中秋节 ?
Rénmen zěnme guò Zhōngqiū Jié?

(6) 人们 吃什么?
Rénmen chī shénme?

(7) 爷爷奶奶给小孩子们讲什么 故事?
Yéye nǎinai gěi xiǎo háizimen jiǎng shénme gùshi?

(8) 说 说 嫦娥的样子。
Shuō shuo Cháng'é de yàngzi.

(9) 今年人们 看到月亮了吗? 为什么?
Jīnnián rénmen kàn dào yuèliang le ma? Wèi shénme?

(10) 大卫在网站 上 看到了什么?
Dàwèi zài wǎngzhàn shang kàn dào le shénme?

2. 根据所给的动词用"V+起来/上去/下去/下来"完成下面的句子
Complete the following sentences by using "V+起来/上去/下去/下来"

(1) 月饼看______像月亮。
Yuèbǐng kàn ______ xiàng yuèliang.

(2) 这个网站的名字太长了,我得写______。
Zhè ge wǎngzhàn de míngzi tài cháng le, wǒ děi xiě ______.

(3) 这个故事真有意思,请你说______。
Zhè ge gùshi zhēn yǒuyìsi, qǐng nǐ shuō ______.

(4) 这个人看______像老师。
Zhè ge rén kàn ______ xiàng lǎoshī.

(5) 这个歌听______像中国歌。
Zhè ge gē tīng ______ xiàng Zhōngguógē.

(6) 你唱得太好了,请你唱______。
Nǐ chàng de tài hǎo le, qǐng nǐ chàng ______.

(7) 这是新茶,闻______很香。
Zhè shì xīn chá, wén ______ hěn xiāng.

(8) 汉语虽然很难,但是我要学______。
Hànyǔ suīrán hěn nán, dànshì wǒ yào xué ______.

(9) 这个号码太奇怪了,我得记______。
Zhè ge hàomǎ tài qíguài le, wǒ děi jì ______.

(10) 天这么黑,看______要下雨。
Tiān zhème hēi, kàn ______ yào xià yǔ.

3. 根据例句和图片回答问题
Answer the following questions according to the example and the pictures

E.g. 今天的月亮怎么? 圆,美→月亮圆圆的,很美。

(1) 这个月饼怎么样?
Zhè ge yuèbǐng zěnmeyàng?

软、甜、好吃

(2) 这个西瓜怎么样?
Zhè ge xīhuā zěnmeyàng?

大、圆、好吃

(3) 这杯茶怎么样?
Zhè bēi chá zěnmeyàng?

热、香、好喝

(4) 这只小猫怎么样?
Zhè zhī xiǎo māo zěnmeyàng?

胖、小、可爱

(5) 这条裙子怎么样?
Zhè tiáo qúnzi zěnmeyàng?

长、漂亮

(6) 这个苹果 怎么样?
Zhè ge píngguǒ zěnmeyàng?

红、漂亮

4. 根据句子的意思，画线连接A栏和B栏相应的句子
Match the sentences in Group A with those in Group B according to the meanings

A

(1) 我有 很 多 作业
Wǒ yǒu hěn duō zuòyè

(2) 我 有一些东西
Wǒ yǒu yìxiē dōngxi

(3) 我有 三 本 书
Wǒ yǒu sān běn shū

(4) 我 有几个电子邮件
Wǒ yǒu jǐ ge diànzǐ yóujiàn

(5) 我 有一个重要 的电话
Wǒ yǒu yí ge zhòngyào de diànhuà

B

a 要买。
yào mǎi.

b 要打。
yào dǎ.

c 要发。
yào fā.

d 要做。
yào zuò.

e 要看。
yào kàn.

5. 用"多(么)……啊"改写下面的句子
Rewrite the following sentence by using "多(么)……啊"

(1) 今天的月亮 很 圆。
Jīntiān de yuèliang hěn yuán.
______________________!

(2) 这个故事很 浪漫。
Zhè ge gùshi hěn làngmàn.
______________________!

(3) 湖水很干净 ________________!
Hú shuǐ hěn gānjìng.

(4) 旅行很有意思。 ________________!
Lǚxíng hěn yǒu yìsi.

(5) 秋天树上的叶子很漂亮。 ________________!
Qiūtiān shù shang de yèzi hěn piàoliang.

6. 根据实际情况完成会话
Complete the following dialogues according to real situations

(1) A: 中国的中秋节是阴历几月几号? B: ________________。
Zhōngguó de Zhōngqiū Jié shì yīnlì jǐ yuè jǐ hào?

(2) A: 你吃过月饼吗? 味道怎么样? B: ________________。
Nǐ chī guo yuèbǐng ma? Wèidao zěnmeyàng?

(3) A: 你吃过苹果蛋糕吗? 味道怎么样? B: ________________。
Nǐ chī guo píngguǒ dàngāo ma? Wèidao zěnmeyàng?

(4) A: 你们国家最大的节日是哪个? B: ________________。
Nǐmen guójiā zuì dà de jiérì shì nǎ ge ?

(5) A: 哪个节日是全家人一起过的节日? B: ________________。
Nǎ ge jiérì shì quán jiā rén yìqǐ guò de jiérì?

(6) A: 哪个节日比较浪漫? B: ________________。
Nǎ ge jiérì bǐjiào làngmàn?

(7) A: 你常常上网吗? B: ________________。
Nǐ chángcháng shàng wǎng ma?

(8) A: 你比较喜欢的网站是哪个? B: ________________。
Nǐ bǐjiào xǐhuan de wǎngzhàn shì nǎ ge?

7. 用所给的汉字填空 Fill in the blanks with the given Chinese characters

(A)	城	关	美	过	尝	的	事	去	地	家
	chéng	guān	měi	guò	cháng	de	shì	qù	de	jiā

小文在中国1______买了月饼，请大卫2______。因为它看上3______像月亮，圆圆4______，所以叫月饼。5______中秋节时，全6______人高高兴兴7______吃月饼，喝茶。8______于中秋节，有个9______丽、浪漫的故10______。

(B)	阴	孙	圆	月	故	着	全	饼	着	于
	yīn	sūn	yuán	yuè	gù	zhe	quán	bǐng	zhe	yú

中秋节在1______历八月十五日，那天2______亮大大的，圆3______的。人们不工作，4______家人在一起，看5______天上的月亮，吃6______又甜又香的月7______。爷爷奶奶们给8______子、孙女们讲关9______嫦娥飞到月亮上的10______事。

8. 听力练习 Listening comprehension

(1) A 三十多岁 B 四十多岁

(2) A 不喜欢 B 喜欢

(3) A 不是 B 是

(4) A 全家人在一起 B 全家人吃月饼

(5) A 因为故事很长 B 因为故事很浪漫

9. 课堂活动 Classroom activities

(1) Tell the story of Chang'e with the help of the pictures.

(2) Tell a story of a festival of your own country.

作业 Homework

1. 用所给的词把下面的句子翻译成汉语 Translate the sentences into Chinese by using the given words

(1) He looks like a university teacher.	看上去
(2) If a phone number is very long, he will write it down.	写下来
(3) This story is interesting, please go on.	讲下去
(4) The name of the website is so long that I must note it down.	记下来
(5) This song sounds like Chinese song.	听起来

2. 写作练习 (300 汉字左右) Writing exercise

题目:中秋节

Topic: the Mid-autumn Festival

第4课 Lesson 4

我听得懂简单的汉语

Wǒ tīng de dǒng jiǎndān de Hànyǔ

I can understand simple Chinese

课文 *Text*

(一)

林达：马可，听说你暑假去北京了。怎么样？
Líndá　Mǎkě, tīngshuō nǐ shǔjià qù Běijīng le. Zěnmeyàng?

马可：非常有意思。我参加了一个汉语暑期班。
Mǎkě　Fēicháng yǒu yìsi. Wǒ cānjiā le yí ge Hànyǔ shǔqībān.

林达：现在你说汉语说得特别流利。
Líndá　Xiànzài nǐ shuō Hànyǔ shuō de tèbié liúlì.

马可：马马虎虎[1]吧。
Mǎkě　Mǎmǎhūhū ba.

林达：他们说汉语，你听得懂吗？
Líndá　Tāmen shuō Hànyǔ, nǐ tīng de dǒng ma?

马可：我听得懂简单的汉语。
Mǎkě　Wǒ tīng de dǒng jiǎndān de Hànyǔ.

林达：你看得懂街上的汉字吗？
Líndá　Nǐ kàn de dǒng jiē shang de Hànzì ma?

马可：看得懂一些。我认识好几百个汉字呢。
Mǎkě　Kàn de dǒng yìxiē. Wǒ rènshi hǎojǐ bǎi ge Hànzì ne.

林达：中文的报纸、杂志你读得懂读不懂？
Líndá　Zhōngwén de bàozhǐ, zázhì nǐ dú de dǒng dú bu dǒng?

马可：简单的读得懂，难的读不懂。
Mǎkě　Jiǎndān de dú de dǒng, nán de dú bu dǒng.

林达：现在，你的汉语水平真不错！
Líndá　Xiànzài, nǐ de Hànyǔ shuǐpíng zhēn búcuò!

马可：我不但汉语水平提高了，而且体重也提高了。
Mǎkě Wǒ búdàn Hànyǔ shuǐpíng tígāo le, érqiě tǐzhòng yě tígāo le.

林达：你一定常和中国朋友一起吃饭吧。
Líndá Nǐ yídìng cháng hé Zhōngguó péngyou yìqǐ chī fàn ba?

马可：中国朋友特别热情，他们总是说："吃！吃！"
Mǎkě Zhōngguó péngyou tèbié rèqíng, tāmen zǒngshì shuō: "Chī! Chī!"

林达：那是中国文化，让客人和朋友吃饱，吃好。
Líndá Nà shì Zhōngguó wénhuà, ràng kèrén hé péngyou chī bǎo, chī hǎo.

马可：你看，这是在饭馆儿照的照片。
Mǎkě Nǐ kàn, zhè shì zài fànguǎnr zhào de zhàopiàn.

林达：那么多菜，你们吃得完吗？
Líndá Nàme duō cài, nǐmen chī de wán ma?

马可：吃不完。
Mǎkě Chī bu wán.

（二）

学习了一年汉语以后，马可申请去北京的一所大学学习。今年夏天，他终于去了中国的首都，北京。他在北京参加了一个汉语暑期班。开始的时候，马可听不懂北京人说汉语。后来，他的北京朋友多了，说汉语的机会多了，就听得懂一点儿了。马可觉得北京的大街很宽，到处都有汉字，人人都说汉语。他差不多天天都练习认汉字、说汉语，学到了很多新的词语。一个月以后，他不但听得懂一点儿汉语，而且读得懂一些中文报纸和杂志上简单的文

Xuéxí le yì nián Hànyǔ yǐhòu, Mǎkě shēnqǐng qù Běijīng de yì suǒ dàxué xuéxí. Jīnnián xiàtiān, tā zhōngyú qù le Zhōngguó de shǒudū, Běijīng. Tā zài Běijīng cānjiā le yí ge Hànyǔ shǔqībān. Kāishǐ de shíhòu, Mǎkě tīng bu dǒng Běijīngrén shuō Hànyǔ. Hòulái, tā de Běijīng péngyǒu duō le, shuō Hànyǔ de jīhuì duō le, jiù tīng de dǒng yìdiǎnr le. Mǎkě juéde Běijīng de dà jiē hěn kuān, dàochù dōu yǒu Hànzì, rénrén dōu shuō Hànyǔ. Tā chàbuduō tiān tiān dōu liànxí rèn Hànzì, shuō Hànyǔ, xué dào le hěn duō xīn de cíyǔ. Yí gè yuè yǐhòu, tā búdàn tīng de dǒng yì diǎnr Hànyǔ, érqiě dú de dǒng yìxiē Zhōngwén bàozhǐ hé zázhì shang jiǎndān de wén

章。老师说，他的阅读能力提高得比较快。
zhāng. Lǎoshī shuō, tā de yuèdú nénglì tígāo de bǐjiào kuài.

可是到了上海，马可发现，上海人说上海话②，他一点儿也听不懂。当然，很多上海人也会说普通话。上海的年轻人不但会说普通话，而且也会说一些英语。可是，有的上海人不会说英语，说普通话也有很重的口音，特别是老人。马可和他们说话时，请他们写出汉字来。他们写的汉字马可差不多都认识。马可用这种方法和好几位上海老人交了朋友。他觉得和这些老人交流非常有意思。老人们说，马可的普通话发音比一些上海老人还标准呢。
Kěshì dào le Shànghǎi, Mǎkě fāxiàn, Shànghǎirén shuō Shànghǎihuà, tā yìdiǎnr yě tīng bu dǒng. Dāngrán, hěn duō Shànghǎirén yě huì shuō pǔtōnghuà. Shànghǎi de niánqīng rén búdàn huì shuō pǔtōnghuà, érqiě yě huì shuō yìxiē Yīngyǔ. Kěshì, yǒude Shànghǎirén bú huì shuō Yīngyǔ, shuō pǔtōnghuà yě yǒu hěn zhòng de kǒuyīn, tèbié shì lǎorén. Mǎkě hé tāmen shuō huà shí, qǐng tāmen xiě chū Hànzì lai. Tāmen xiě de Hànzì Mǎkě chàbuduō dōu rènshi. Mǎkě yòng zhè zhǒng fāngfǎ hé hǎojǐ wèi Shànghǎi lǎorén jiāo le péngyou. Tā juéde hé zhèxiē lǎorén jiāoliú fēicháng yǒu yìsi. Lǎorénmen shuō, Mǎkě de pǔtōnghuà fāyīn bǐ yìxiē Shànghǎi lǎorén hái biāozhǔn ne.

(1)

Linda: Mark, I've heard you went to Beijing during summer vacation. How was it?
Mark: Very interesting. I participated in a summer course of Chinese.
Linda: Now you speak Chinese fluently.
Mark: Just so-so.
Linda: Could you understand when they speak Chinese?
Mark: I could understand simple Chinese.
Linda: Could you read the Chinese characters in the streets?
Mark: Some of them. I know quite a few hundred of Chinese characters.
Linda: Could you read Chinese newspapers and magazines or not?
Mark: I can understand simple ones, but not difficult ones.
Linda: Now your Chinese is quite good.
Mark: I have not only improved my Chinese, but also my weight.
Linda: You must have dined often with Chinese friends.

Mark: My Chinese friends are very warm-hearted. They always say: "Eat! Eat!"

Linda: That is Chinese culture. They make guests and friends eat enough and well.

Mark: Look, this is the photo taken at a restaurant.

Linda: So much food! Could you finish it?

Mark: No, we couldn't eat all of it.

(2)

After studying Chinese for a year, Mark applied to study in a university in Beijing. This summer, he finally went to Beijing, capital of China. He participated in a summer course of Chinese language. At the beginning, Mark couldn't understand people in Beijing when they speak Chinese. Later he had more friends in Beijing and had more opportunities to speak Chinese, so that he could understand a little. Mark thinks that the streets in Beijing are very wide and there are Chinese characters everywhere and everyone speaks Chinese. He practiced reading and speaking Chinese every day and learnt many new words and phrases. One month later, not only could he understand a little spoken Chinese, but could also read and understand simple articles in some newspapers and magazines. His teacher said that his reading ability improved rather fast.

When he was in Shanghai, Mark found that people in Shanghai speak Shanghai dialect, which he couldn't understand at all. Of course, many people in Shanghai can also speak standard Chinese. Young people do not only speak standard Chinese, but also speak some English. However, there are people who cannot speak English and they speak standard Chinese with heavy accent, especially some old people. When Mark talked to them, he asked them to write down Chinese characters, most of which Mark could recognize. In this way Mark made friends with quite a few old people in Shanghai. He found it very interesting to communicate with these old people. They said that Mark speaks standard Chinese with better pronunciation than some of them.

新词语 New Words

1	简单	jiǎndān	*adj.*	simple
	单	dān	*adj.*	single
2	暑假	shǔjià	*n.*	summer vacation
	暑	shǔ	*n.*	summer
3	参加	cānjiā	*v.*	to participate
4	暑期	shǔqī	*n.*	summer period
5	流利	liúlì	*adj.*	fluent
	流	liú	*v.*	(of water) to flow
6	马马虎虎	mǎmǎhūhū	*adj.*	just so so
	虎	hǔ	*n.*	tiger
7	好几	hǎojǐ	*n.w.*	quite a few
8	杂志	zázhì	*n.*	magazine
9	不但	búdàn	*conj.*	not only
10	提高	tígāo	*v.*	to improve
11	而且	érqiě	*conj.*	(not only....) but also, additionally
12	体重	tǐzhòng	*n.*	weight (of body)
13	热情	rèqíng	*adj.*	warm-hearted
	情	qíng	*n.*	emotion, feeling
14	文化	wénhuà	*n.*	culture
15	饱	bǎo	*adj.*	full (with food)
16	申请	shēnqǐng	*v.*	to apply
17	所	suǒ	*m.w.*	measure word (institution)
18	终于	zhōngyú	*adv.*	finally
19	首都	shǒudū	*n.*	capital (of a country)
20	宽	kuān	*adj.*	wide

21	到处	dàochù	*n.*	everywhere
	处	chù	*n.*	place, point
22	人人	rénrén	*n.*	everyone
23	词语	cíyǔ	*n.*	word, phrase
24	文章	wénzhāng	*n.*	article (in a newspaper or magazine)
25	阅读	yuèdú	*v.*	to read
26	普通话	pǔtōnghuà	*n.*	standard Chinese
	普通	pǔtōng	*adj.*	common
	话	huà	*n.*	dialect
27	年轻	niánqīng	*adj.*	young
28	口音	kǒuyīn	*n.*	accent
29	交	jiāo	*v.*	to make (friends)
30	交流	jiāoliú	*v.*	to communicate
31	发音	fāyīn	*n.*	pronunciation
32	标准	biāozhǔn	*adj.*	standard

注释 NOTES

① 马马虎虎: Although the pinyin of "虎" is hǔ, it is pronounced as "hū" in "mǎmǎhūhū".

② 上海话: Shanghai Dialect is one of the seven main dialects in China. The pronunciation is very different from that of standard Chinese.

语法 Grammar

1. 可能补语（一）"得"+结果补语
Complements of potentiality (1) "得" + Complements of result

可能补语表示动作进行或实现的可能性，其基本格式为：动词+"得"+结果补语，例如：吃得完。

Complements of potentiality indicate that the possibility of the procedure or the realization of an action. The basic pattern is: V+得+Complements of result. e.g. 吃得完.

(1) V+得+结果补语（补语由动词或形容词充当）。
V+得+Complements of result (Verbs or a ajectives function as complements).

(2) 可能补语的否定形式是用“不”替换“得”，即：V+不+补语。
The negative form is made by replacing“得”with“不”: V+不+complements.

(3) 选择疑问句形式是：V+得+结果补语+V+不+结果补语。
The form of alternative question is: V+得+Complements of result +V+不+Complements of result.

affirmative form							
(1)	我听	得	懂汉语。				I can understand spoken Chinese.
negative form							
(2)	我听	不	懂汉语。				I cannot understand spoken Chinese.
alternative question							
(3)	你听	得	懂	听	不	懂汉语？	Can you understand spoken Chinese or not?

2. “不但……，而且……”

复句的分句之间用“不但……，而且……”结构囊括前后两个分句里提及的两件同类的事物，表示分句之间的递进关系。如果前后句的主语相同，主语放在“不但……”之前，“而且……”之前不需再重复主语，如例句(1)。如果前后句的主语不同，主语需放在“不但……”和“而且……”之后，在“而且……”分句中，主语之后需要用“也”字，如例句(2)。

Clauses in a complex sentence can be connected by the conjunctive structure “不但……，而且……” to include two things of the same category mentioned in the two clauses, in which “而且……” clause adds additional information. If the two sentences share one subject, the subject is placed before “不但……” and it is not necessarily repeated before “而且……”, e.g. (1). If the two clauses have different subjects, they are placed after “不但……” and “而且……”, “也” is required after the subject, e.g.(2).

(1)	我	不但		会说英语，	而且		会说汉语。
	我	不但		喜欢喝茶，	而且		喜欢喝咖啡。
(2)		不但	我	会说英语，	而且	他	也会说英语。
		不但	我	喜欢喝茶，	而且	他	也喜欢喝茶。

练习 Exercises

1. 课文问答练习 Questions and answers on the text

（一）

（1）马可是什么 时候 去 中国 的？
Mǎkě shì shénme shíhou qù Zhōngguó de?

（2）马可听得 懂 汉语吗？
Mǎkě tīng de dǒng Hànyǔ ma?

（3）马可看得 懂 汉字吗？
Mǎkě kàn de dǒng Hànzì ma?

（4）现在 他说 汉语 说 得怎么样？
Xiànzài tā shuō Hànyǔ shuō de zěnmeyàng?

（5）他读得 懂 中文 报纸和杂志吗？
Tā dú de dǒng Zhōngwén bàozhǐ hé zázhì ma?

（6）现在马可的汉语 水平 怎么样？
Xiànzài Mǎkě de Hànyǔ shuǐpíng zěnmeyàng?

（7）他的体重呢？为 什么？
Tā de tǐzhòng ne? Wèi shénme ?

（8）那么多菜，他们 吃得完 吗？
Nàme duō cài, tāmen chī de wán ma?

（二）

（1）马可申请 去哪儿学习？
Mǎkě shēnqǐng qù nǎr xuéxí?

（2）开始的时候，他听得懂汉语吗？后来呢？
Kāishǐ de shíhou, tā tīng de dǒng Hànyǔ ma? Hòulái ne?

（3）在北京 有 什么 学 汉语的机会？
Zài Běijīng yǒu shénme xué Hànyǔ de jīhuì?

（4）现在马可看 得 懂 什么样 的 文章？
Xiànzài Mǎkě kàn de dǒng shénmeyàng de wénzhāng?

（5）上海人 说 话 马可为 什么 听不懂？
Shànghǎirén shuō huà Mǎkě wèi shénme tīng bu dǒng?

(6) 上海 的年轻人会 说普通话吗? 英语呢?
Shànghǎi de niánqīngrén huì shuō pǔtōnghuà ma? Yīngyǔ ne?

(7) 一些上海老人说 普通话 说得怎么样?
Yìxiē Shànghǎi lǎorén shuō pǔtōnghuà shuō de zěnmeyàng?

(8) 马可怎么和这些老人交流?
Mǎkě zěnme hé zhèxiē lǎorén jiāoliú?

(9) 马可有 上海 朋友 吗?
Mǎkě yǒu Shànghǎi péngyou ma?

(10) 他们说马可的普通话 发音怎么样?
Tāmen shuō Mǎkě de pǔtōnghuà fāyīn zěnmeyàng?

2. 根据例句，用"V+得懂/完/会"完成下面的句子
Complete the sentences by using "V+得懂/完/会" according to the example

E.g. 用筷子不难，________。学 → 用筷子不难，你学得会。

(1) 他学过英语，________。听
Tā xué guo Yīngyǔ,

(2) 他学过法语 ________。听
Tā xué guo Fǎyǔ,

(3) 只有一个菜，________。吃
Zhǐ yǒu yí ge cài,

(4) 这瓶酒很好喝，________。喝
Zhè píng jiǔ hěn hǎohē,

(5) 今天的作业不多，________。写/做
Jīntiān de zuòyè bù duō,

(6) 汉语不难，________。学
Hànyǔ bù nán,

(7) 开车不难，________。学
Kāi chē bù nán,

(8) 钓鱼不难，________。学
Diào yú bù nán,

3. 把下面的句子变成否定式
Change the following into negative sentences

(1) 他读得懂 中文 报纸和杂志。 ______________________。
Tā dú de dǒng Zhōngwén bàozhǐ hé zázhì.

(2) 这些菜 我们 吃得完。 ______________________。
Zhèxiē cài wǒmen chī de wán.

(3) 他们 看 得 懂 英语。 ______________________。
Tāmen kàn de dǒng Yīngyǔ.

(4) 李老师听 得懂 上海话。 ______________________。
Lǐ lǎoshī tīng de dǒng Shànghǎihuà.

(5) 这些 汉字 学生们 写得完。 ______________________。
Zhèxiē Hànzì xuéshengmen xiě de wán.

(6) 这个民歌 他们学得会。 ______________________。
Zhè ge míngē tāmen xué de huì.

4. 根据例句和图片做会话练习
Make dialogues according to the example and the pictures

E.g. A: 汉语你听得懂听不懂?
B: 听得懂。/听不懂。

(1) 吃完

(2) 吃完

(3) 吃完

(4) 喝完

(5) 读懂/看懂

(6) 读懂/看懂

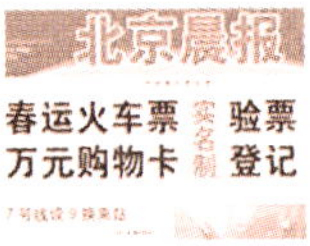

5. 根据句子的意思，画线连接A栏和B栏相应的句子
Match the sentences in Group A with those in Group B according to the meanings

A	B
(1) 年轻人 不但会说 普通话， Niánqīngrén búdàn huì shuō pǔtōnghuà,	a 而且体重也提高了。 érqiě tǐzhòng yě tígāo le.
(2) 他不但看得懂 中文 报纸， Tā búdàn kàn de dǒng Zhōngwén bàozhǐ,	b 而且会说英语。 érqiě huì shuō Yīngyǔ.
(3) 他不但汉语水平提高了， Tā búdàn Hànyǔ shuǐpíng tígāo le,	c 而且奶奶也爱喝绿茶。 érqiě nǎinai yě ài hē lǜchá.
(4) 不但爷爷爱喝绿茶， Búdàn yéye ài hē lǜchá,	d 而且很漂亮。 érqiě hěn piàoliang.
(5) 林达的猫不但很 聪明， Líndá de māo búdàn hěn cōngming,	e 而且看得懂 英文 报纸。 érqiě kàn de dǒng Yīngwén bàozhǐ.

6. 根据实际情况完成下面的会话
Complete the following dialogues according to real situations

(1) A: 你看得 懂 英文 报纸吗？ B: ________________。
Nǐ kàn de dǒng Yīngwén bàozhǐ ma?

(2) A: 你看得懂 中文 小说 吗？ B: ________________。
Nǐ kàn de dǒng Zhōngwén xiǎoshuō ma?

(3) A: 你英语说得怎么样？ 汉语呢？ B: ________________。
Nǐ Yīngyǔ shuō de zěnmeyàng ? Hànyǔ ne?

(4) A: 你说 汉语有 口音 吗？ 什么 口音？ B: ________________。
Nǐ shuō Hànyǔ yǒu kǒuyīn ma? Shénme kǒuyīn?

(5) A: 你们国家有 普通话 吗？ B: ________________。
Nǐmen guójiā yǒu pǔtōnghuà ma?

(6) A: 这儿有什么说汉语的机会？ B: ________________。
Zhèr yǒu shénme shuō Hànyǔ de jīhuì?

(7) A: 你们的汉语老师发音怎么样？ B: ________________。
Nǐmen de Hànyǔ lǎoshī fāyīn zěnmeyàng?

(8) A: 你常常 和老人交流吗？ B: ________。
Nǐ chángcháng hé lǎorén jiāoliú ma?

(9) A: 你们国家的首都是哪个城市？ B: ________。
Nǐmen guójiā de shǒudū shì nǎ ge chéngshì?

(10) A: 这儿的大街宽吗？ B: ________。
Zhèr de dàjiē kuān ma?

7. 用所给的汉字填空
Fill in the blanks with the given Chinese characters

(A)	申	不	暑	平	天	杂	始	得	快	所
	shēn	bù	shǔ	píng	tiān	zá	shǐ	de	kuài	suǒ

外国学生 1________ 请去中国学习，他们常 2________ 假去。学习开 3________ 的时候，他们听 4________ 懂汉语，因为人们说得太 5________ 了。但是他们天 6________ 都说汉语，学新的词语，7________ 以他们的汉语水 8________ 提高很快。他们很快就看 9________ 懂简单的中文报纸和 10________ 志了。

(B)	话	普	写	轻	会	和	方	流	老	好
	huà	pǔ	xiě	qīng	huì	hé	fāng	liú	lǎo	hǎo

上海人说上海 1________，但是上海的年 2________ 人不但会说 3________ 通话，而且也 4________ 说一些英语。很多 5________ 人只说上海话，6________ 这些老人们交 7________ 时，马可请他们 8________ 汉字，用这种 9________ 法，马可交了 10________ 几个朋友。

8. 听力练习 Listening comprehension

(1) A 老人和年轻人 B 年轻人
(2) A 不流利 B 有口音
(3) A 提高了 B 没有提高

(4) A 还可以　　B 很好
(5) A 上海人　　B 北京人

9. 课堂活动　Classroom activities

(1) Talk about Mark's experience of studying Chinese in Beijing.
(开始，后来，水平，提高……)
kāishǐ, hòulái, shuǐpíng, tígāo

(2) Talk about Mark's experience of studying Chinese in Shanghai.
(上海话，普通话，发音，口音，交流……)
Shànghǎihuà, pǔtōnghuà, fāyīn, kǒuyīn, jiāoliú

作业 Homework

1. 用所给的词把下面的句子翻译成汉语 Translate the sentences into Chinese by using the given words

(1) He speaks standard Chinese.　标准
(2) People in Beijing are very warm hearted.　热情
(3) Now he can speak Chinese fluently.　流利
(4) Everyone knows this actor.　人人
(5) We go to school by bike every day.　天天

2. 写作练习 (300 汉字左右) Writing exercise

选一个题目：(1) 马可在中国的学习经历 (jīnglì)
(2) 你在中国(外国) 的学习经历

Choose one topic: (1) Mark's study experience in China
(2) Your study experience in China (or in a foreign country)

第5课 Lesson 5

汽车开不进去

Qìchē kāi bu jìnqù

We cannot go in by car

课文 *Text*

(一)

马可：我有两张京剧票，我们一起去看吧。
Mǎkě Wǒ yǒu liǎng zhāng jīngjù piào, wǒmen yìqǐ qù kàn ba.

小文：好。什么名字？
Xiǎowén Hǎo. Shénme míngzi?

马可：我看看票。字太小了，我看不清楚。
Mǎkě Wǒ kàn kan piào. Zì tài xiǎo le, wǒ kàn bu qīngchu.

小文：你眼睛不好吧？
Xiǎowén Nǐ yǎnjing bù hǎo ba?

马可：不太好。等一等，我戴上眼镜。
Mǎkě Bú tài hǎo. Děng yi děng, wǒ dài shang yǎnjìng.

小文：现在看清了吗？
Xiǎowén Xiànzài kàn qīng le ma?

马可：看清了。好像是一个武打戏。
Mǎkě Kàn qīng le. Hǎoxiàng shì yí ge wǔdǎ xì.

小文：那好，我们差不多看得懂。
Xiǎowén Nà hǎo, wǒmen chàbuduō kàn de dǒng.

马可：连我这个老外[①]也看得懂吗？
Mǎkě Lián wǒ zhè ge lǎo wài yě kàn de dǒng ma?

小文：当然。所以很多人都喜欢看这样的京剧。
Xiǎowén Dāngrán. Suǒyǐ hěn duō rén dōu xǐhuan kàn zhèyàng de jīngjù.

马可：我也喜欢。我认为，那是古老的中国功夫。
Mǎkě Wǒ yě xǐhuan. Wǒ rènwéi, nà shì gǔlǎo de Zhōngguó gōngfu.

小文：对了，京剧几点开始？你看一下时间。
Xiǎowén Duì le, jīngjù jǐ diǎn kāishǐ? Nǐ kàn yíxià shíjiān.

马可：放心吧，我看清楚了，明天 晚上 七点。
Mǎkě Fàngxīn ba, wǒ kàn qīngchu le, míngtiān wǎnshang qī diǎn.

小文：我们 开 车去。六点出发，半个小时就到了。
Xiǎowén Wǒmen kāi chē qù. Liù diǎn chūfā, bàn ge xiǎoshí jiù dào le.

马可：恐怕不 行，据说剧院在一条很窄的街里，汽车开不进去。
Mǎkě Kǒngpà bù xíng, jùshuō jùyuàn zài yì tiáo hěn zhǎi de jiē li, qìchē kāi bu jìnqù.

小文：那我们坐 公共 汽车去吧。
Xiǎowén Nà wǒmen zuò gōnggòng qìchē qù ba.

马可：也不 行，周末堵车，一个小时也到不了。
Mǎkě Yě bù xíng, zhōumò dǔ chē, yí ge xiǎoshí yě dào bu liǎo.

小文：那我们骑自行车去吧。
Xiǎowén Nà wǒmen qí zìxíngchē qù ba.

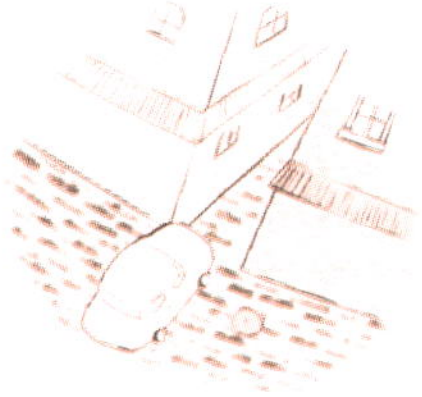

马可：好吧。
Mǎkě Hǎo ba.

（二）

在北京学习的时候，马可和同学们看了一场京剧。他对京剧的印象很深。虽然听不懂，但是他觉得一切都非常有意思。
Zài Běijīng xuéxí de shíhou, Mǎkě hé tóngxuémen kàn le yì chǎng jīngjù. Tā duì jīngjù de yìnxiàng hěn shēn. Suīrán tīng bu dǒng, dànshì tā juéde yíqiè dōu fēicháng yǒu yìsi.

马可很喜欢京剧演员 穿的衣服。那些衣服五颜六色，
Mǎkě hěn xǐhuan jīngjù yǎnyuán chuān de yīfu. Nàxiē yīfu wǔyán-liùsè,

非常漂亮。但是看上去，那些衣服都很重。马可有点儿担
fēicháng piàoliang. Dànshì kàn shangqu, nàxiē yīfu dōu hěn zhòng. Mǎkě yǒudiǎnr dān

心，因为他注意到，演员们看上去都比较瘦，穿那么重
xīn, yīnwèi tā zhùyì dào, yǎnyuán men kàn shangqu duō bǐjiào shòu, chuān nàme zhòng

的衣服，他们受得了吗？要是他穿那么重的衣服，他
de yīfu, tāmen shòu de liǎo ma? Yàoshì tā chuān nàme zhòng de yīfu, tā

一定动不了了。
yídìng dòng bu liǎo le.

许多外国人虽然听不懂京剧，但是喜欢京剧里的脸
Xǔduō wàiguórén suīrán tīng bù dǒng jīngjù, dànshì xǐhuan jīngjù li de liǎn

谱。他们觉得脸谱就像一张美丽的画儿。据说，在最早的
pǔ. Tāmen juéde liǎnpǔ jiù xiàng yì zhāng měilì de huàr. Jùshuō, zài zuì zǎo de

京剧里，演员的脸上没有脸谱。看戏的人很多，坐在后
jīngjù li, yǎnyuán de liǎn shang měiyou liǎnpǔ. Kàn xì de rén hěn duō, zuò zài hòu

面的人看不清楚演员的脸。演员们想出来一个办法，
mian de rén kàn bù qīngchu yǎnyuán de liǎn. Yǎnyuánmen xiǎng chulai yí ge bànfǎ,

在脸上画五颜六色的图。这样，所有的人都能看清楚
zài liǎn shang huà wǔyán-liùsè de tú. Zhèyàng, suǒyǒu de rén dōu néng kàn qīngchu

演员的脸了。
yǎnyuán de liǎn le.

马可在市场上看到有人卖各种各样的脸谱，他
Mǎkě zài shìchǎng shang kàn dào yǒu rén mài gèzhǒng-gèyàng de liǎnpǔ, tā

连问也没问价钱，就买了五个。要是他的箱子不重，拿
lián wèn yě méi wèn jiàqián, jiù mǎi le wǔ ge. Yàoshì tā de xiāngzi bú zhòng, ná

得了，他还要多买几个，带回国去，送给朋友。
de liǎo, tā hái yào duō mǎi jǐ ge, dài huí guó qu, sòng gěi péngyou.

(1)

Mark: I have two tickets for a Beijing opera. Let's go to watch it together.

Xiaowen: Fine. What is the name of the opera?

Mark: Let me have a look at the ticket. The words are so small that I cannot see them clearly.

Xiaowen: Your eyesight is poor, isn't it?

Mark: It is rather poor. Wait a moment. Let me put on my glasses.

Xiaowen: Can you see clearly now?

Mark: Yes. It seems that it is an opera that consists of mainly fighting scenes.

Xiaowen: It's good then. We can almost understand it.

Mark: Even me, "the foreigner" can understand it?

Xiaowen: Of course. That is why many people like this kind of Beijing opera.

Mark: Me, too. I think that is ancient Chinese martial art.

Xiaowen: By the way, when will the opera start? Look carefully at the show time.

Mark: No worries. I've seen it clearly. It is at seven tomorrow evening.

Xiaowen: Let's go by car. We can leave at six and it only takes half an hour.

Mark: I'm afraid not. It is said that the theatre is in a very narrow street and we cannot go in by car.

Xiaowen: Then let's go by bus.

Mark: Not either. There is traffic jam at the weekend. It will take more than one hour to get there.

Xiaowen: Then let's go by bike.

Mark: Ok.

(2)

When Mark was studying in Beijing, he watched a Beijing opera with his classmates. He found it very impressive. Although he didn't understand the singing, he found everything interesting.

Mark likes the costumes the actors wore. They were colorful and beautiful but looked rather heavy. Mark felt worried for the performers because he noticed that all of them looked rather thin. Could they endure the heavy costumes? If Mark wore such costumes, he surely wouldn't be able to move.

Many foreigners like the facial makeup in Beijing opera, although they don't understand the singing. They think that the facial makeup just like beautiful paintings. It is said that in the earliest Beijing operas, the performers didn't put on makeup on their faces. There was a large audience and those who sat at the back couldn't see the performers' faces clearly. The performers thought out a method of putting on facial makeup with all kinds of beautiful colors. In such way all the audience could see the masks of the performers clearly.

At a market Mark saw people selling different types of facial makeup. He bought five without even asking for the price. If his suitcase hadn't been so heavy and if he had been able to take it, he would have bought still more and brought them back home to his friends.

新词语 New Words

1	京剧	jīngjù	*n.*	Beijing opera
2	清楚	qīngchu	*adj.*	clear, clearly
	清	qīng	*adj.*	clear (water)
3	眼睛	yǎnjing	*n.*	eye
4	戴	dài	*v.*	to wear (eye glasses)
5	眼镜	yǎnjìng	*n.*	eye glasses
	镜	jìng	*n.*	lens, mirror
6	好像	hǎoxiàng	*adv.*	It seems that...
7	武打(戏)	wǔdǎ (xì)	*n.*	an opera that consists of mainly fighting scenes
8	戏	xì	*n.*	opera (Beijing opera)
9	连(…也)	lián(...yě)	*prep.*	even
10	认为	rènwéi	*v.*	to think
11	古老	gǔlǎo	*adj.*	ancient
12	功夫	gōngfu	*n.*	(Chinese) kungfu
13	放心	fàng xīn		to set one's heart at ease
14	恐怕	kǒngpà	*adv.*	be afraid
15	据说	jùshuō	*v.*	It is said that...
16	剧院	jùyuàn	*n.*	theatre
17	窄	zhǎi	*adj.*	narrow

18	了	liǎo	*v.*	to be placed after "V+得" to indicate a possibility to complete an action
19	场	chǎng	*m.w.*	measure word (for recreational or sports activities, ...)
20	印象	yìnxiàng	*n.*	impression
	印	yìn	*v.*	to print
21	深	shēn	*adj*	deep
22	五颜六色	wǔyán-liù sè		colorful
	颜色	yánsè	*n.*	color
23	担心	dān xīn		to worry
24	注意	zhùyì	*v.*	to pay attention, to notice
25	受	shòu	*v.*	to endure
26	动	dòng	*v.*	to move
27	脸谱	liǎnpǔ	*n.*	facial makeup in operas or mask (in opera)
	脸	liǎn	*n.*	face
	谱	pǔ	*n.*	pattern
28	这样	zhèyàng	*pron.*	in such way
29	所有	suǒyǒu	*adj.*	all
30	市场	shìchǎng	*n.*	market
31	各种各样	gèzhǒng-gèyàng		all kinds of
32	价钱	jiàqián	*n.*	price
33	箱子	xiāngzi	*n.*	suitcase

注释 NOTES

① 老外：老外 means foreigners. It's an friendly joking expression.

语法 Grammar

1. 可能补语(二)“得”+趋向补语
Complements of potentiality (2) “得”+ Complements of direction

趋向补语也可以表示动作进行或实现的可能性,“得+趋向补语”也是可能补语的一种形式。例如:“开+得+进去”表示“开”的结果是“进去”,这个结果有可能实现,如例句(1)。否定式是“开+不+进去”,如例句(2)。

Complements of direction also indicate that if it is possible to carry on an action or to complete it. “得+Complements of direction” is one form of complements of potentiality, e.g. “开+得+进去”, which indicates that the result of action “开” is “进去” and this result may be attained, e.g. (1). The negative form is “开+不+进去”, e.g. (2)

(1)	汽车	开	得	进去。	It is possible for a car to drive in.
(2)	汽车	开	不	进去。	It is impossible for a car to drive in.

2. “连……也/都……”

“连”对其之后的词语进行强调,所强调的词语之后有“也”或“都”呼应,表示“甚至”的意思。“连……也/都……”句式可以对句子中的主语,如例句(1),或宾语,如例句(2),进行强调。对谓语动词进行强调时需重复动词,如例句(3)。

“连“, which means “even”, emphasizes the words next to it and it takes “也”or “都” after the emphasized words. The structure “连……也/都……” can emphasize on the subject, e.g. (1) or the object, e.g. (2). When the emphasis is on the predicate verb, the verb needs to be repeated,e.g. (3).

(1)		连	外国人	也/都	看得懂。	Even foreigners can understand it.
(2)	他	连	绿茶	也/都	没喝过。	He hasn't even tasted green tea.
(3)	他	连	问	也/都	没问价钱。	He didn't even ask for the price.

3. “V+得+了(liǎo)”

“了”在“V+得+了”结构中作可能补语,表示有可能完成一件事,如例句(1)。否定式是“动词+不+了”,如例句(2)。

In the structure “V+得+了”,“了” functions as complement of potentiality to indicate a possibility to complete a task, e.g. (1). The negative form is “V+不+了”, e.g. (2).

(1)	他们	受	得		了。	It is possible for them to endure.
(2)	他们	受		不	了。	It is impossible for them to endure.

4. "所有"与"都"　"所有" and "都"

"所有"与"都"都表示全部的意思。"所有"用作形容词时，位于名词之前，修饰主语时后面有"都"，如例句(1)。"都"用作副词时位于动词之前，如例句(2)。

Both "所有"and "都" mean "all". When used as an adjective, "所有" is placed before nouns and it is followed by "都" when modifying the subject of a sentence, e.g. (1). As an adverb, "都" is placed before verbs, e.g. (2).

(1)	所有	的人	都	看得见。
(2)		人们	都	看得见。

⚠ 注意！ Attention!

It is wrong to say "都人们看得见。" Correct sentence: 人们都看得见。

练习 Exercises

1. 课文问答练习　Questions and answers on the text

(一)

(1) 马可请 小文 去看 什么？
Mǎkě qǐng Xiǎowén qù kàn shénme?

(2) 马可看得 清 票 上 的字吗？ 为什么？
Mǎkě kàn de qīng piào shang de zì ma? Wèi shénme ?

(3) 马可的眼睛 怎么样？ 他戴眼镜 吗？
Mǎkě de yǎnjing zěnmeyàng ? Tā dài yǎnjìng ma?

(4) 马可听 得 懂京剧吗？
Mǎkě tīng de dǒng jīngjù ma?

(5) 马可看得 懂 武打戏吗？
Mǎkě kàn de dǒng wǔdǎxì ma?

(6) 马可为 什么 喜欢 那样的京剧？
Mǎkě wèi shénme xǐhuan nàyàng de jīngjù?

(7) 京剧几点开始？
Jīngjù jǐ diǎn kāishǐ ?

(8) 马可为 什么 不开车去？
Mǎkě wèi shénme bù kāi chē qù?

(9) 马可为什么不坐公共汽车去?
Mǎkě wèi shénme bù zuò gōnggòng qìchē qù?

(10) 他们怎么去?
Tāmen zěnme qù?

(二)

(1) 马可觉得京剧怎么样?
Mǎkě juéde jīngjù zěnmeyàng?

(2) 马可为什么喜欢京剧演员的衣服?
Mǎkě wèi shénme xǐhuan jīngjù yǎnyuán de yīfu?

(3) 京剧演员的衣服很重吗?
Jīngjù yǎnyuán de yīfu hěn zhòng ma?

(4) 马可担心什么?
Mǎkě dānxīn shénme?

(5) 要是马可穿那样的衣服,他受得了吗?
Yàoshi Mǎkě chuān nàyàng de yīfu, tā shòu de liǎo ma?

(6) 外国人为什么喜欢脸谱?
Wàiguórén wèi shénme xǐhuan liǎnpǔ?

(7) 在最早的京剧里,演员有脸谱吗?
Zài zuì zǎo de jīngjù li, yǎnyuán yǒu liǎnpǔ ma?

(8) 演员们为什么在脸上画脸谱?
Yǎnyuánmen wèi shénme zài liǎn shang huà liǎnpǔ?

(9) 马可买了几个脸谱?
Mǎkě mǎi le jǐ ge liǎnpǔ?

(10) 他为什么没有多买几个?
Tā wèi shénme méiyǒu duō mǎi jǐ ge?

2. 根据例句完成句子。
Complete the sentences according to the example

> E.g. 他在二楼，我们＿＿＿＿。走，上去
> → 他在二楼，我们走得上去。
> 他在二十楼，爷爷＿＿＿＿。走，上去
> → 他在二十楼，爷爷走不上去。

(1) 街太窄了，汽车＿＿＿＿＿＿。开，进来
Jiē tài zhǎi le, qìchē

(2) 街很宽，汽车＿＿＿＿＿＿。开，进来
Jiē hěn kuān, qìchē

(3) 山不高，我们＿＿＿＿＿＿。爬，上去
Shān bù gāo, wǒmen

(4) 山太高了，我们＿＿＿＿＿＿。爬，上去
Shān tài gāo le, wǒmen

(5) 钥匙丢了，我们＿＿＿＿＿＿。进，去(房间)
Yàoshi diū le, wǒmen

(6) 雨太大了，我们＿＿＿＿＿＿。出，去
Yǔ tài dà le, wǒmen

(7) 没有火车，100公里我们＿＿＿＿＿＿。走，回去
Méiyǒu huǒchē, yìbǎi gōnglǐ wǒmen

(8) 那棵大树那么高，小猫＿＿＿＿＿＿。爬，下来
Nà kē dà shù nàme gāo, xiǎo māo

3. 根据句子的意思，画线连接A栏和B栏相应的句子
Match the sentences in Group A with those in Group B according to the meanings

A		B	
(1)	这个箱子很轻， Zhè ge xiāngzi hěn qīng,	a	我吃得了。 wǒ chī de liǎo.
(2)	这个箱子很重， Zhè ge xiāngzi hěn zhòng,	b	我受不了。 wǒ shòu bu liǎo.
(3)	只有一个面包， Zhǐ yǒu yí ge miànbāo ,	c	我拿得了。 wǒ ná de liǎo.
(4)	这个地方不远， Zhè ge dìfang bù yuǎn,	d	我拿不了。 wǒ ná bu liǎo.
(5)	今天40度，太热了， Jīntiān sìshí dù, tài rè le,	e	半个小时到得了。 bàn ge xiǎoshí dào de liǎo.

4. 用"连……也/都"改写下面的句子
Rewrite the following sentences by using "连……也/都"

E.g. 他没吃过米饭。→ 他连米饭也/都没吃过。

(1) 他没有手机。 ________________。
Tā méiyǒu shǒujī.

(2) 他没有喝过咖啡。 ________________。
Tā méiyǒu hē guo kāfēi.

(3) 老人也会滑雪。 ________________。
Lǎorén yě huì huá xuě.

(4) "一"这个汉字他不会写。 ________________。
"Yī" zhè ge Hànzì tā bú huì xiě.

(5) 小孩子也会上网。 ________________。
Xiǎo háizi yě huì shàng wǎng.

(6) 他星期天也工作。 ________________。
Tā xīngqītiān yě gōngzuò.

(7) 他没有问。 ________。
Tā méiyǒu wèn.

(8) 他没有 说。 ________。
Tā méiyǒu shuō.

5. 用"所有的"或者"都"填空
Fill in the blanks with "所有的" or "都"

(1) 学 生 们 ________ 会说 汉语。
Xuéshengmen huì shuō Hànyǔ.

(2) ________ 老师 都来晚了。
lǎoshī dōu lái wǎn le.

(3) 这儿的人 ________ 喜欢京剧。
Zhèr de rén xǐhuan jīngjù.

(4) ________ 学生 都 去过 中国。
xuésheng dōu qù guo Zhōngguó.

(5) 我们 ________ 喜欢喝绿茶。
Wǒmen xǐhuan hē lǜchá.

(6) 他喜欢 ________ 音乐。
Tā xǐhuan yīnyuè.

6. 根据实际情况完成会话
Complete the following dialogues according to real situations

(1) A: 你听得 懂 京剧吗? B: ________。
Nǐ tīng de dǒng jīngjù ma?

(2) A: 你看得 懂 武打戏吗? B: ________。
Nǐ kàn de dǒng wǔdǎ xì ma?

(3) A: 你喝得了十 瓶啤酒吗? B: ________。
Nǐ hē de liǎo shí píng píjiǔ ma?

(4) A: 你吃得了十个面包吗? B: ________。
Nǐ chī de liǎo shí ge miànbāo ma?

(5) A: 这 个 箱子 10 公斤，你拿得了吗? B: ________。
Zhè ge xiāngzi shí gōngjīn， nǐ ná de liǎo ma?

(6) A: 如果今天40度，你受得了吗？ B: ________。
Rúguǒ jīntiān sìshí dù, nǐ shòu de liǎo ma?

(7) A: 你喜欢脸谱吗？为什么？ B: ________。
Nǐ xǐhuan liǎnpǔ ma? Wèi shénme?

(8) A: 你的眼睛好吗？你戴眼镜吗？ B: ________。
Nǐ de yǎnjīng hǎo ma? Nǐ dài yǎnjìng ma?

(9) A: 喜马拉雅山8000多米，你爬得上去吗？ B: ________。
Xǐmǎlāyǎ Shān bāqiān duō mǐ, nǐ pá de shàngqù ma?

(10) A: 那个小山 200多米，你爬得上去吗？ B: ________。
Nà ge xiǎo shān èrbǎi duō mǐ, nǐ pá de shàngqù ma?

7. 用所给的汉字填空
Fill in the blanks with the given Chinese characters

(A)	张	连	不	戏	也	开	了	场	开	车
	zhāng	lián	bù	xì	yě	kāi	liǎo	chǎng	kāi	chē

马可有两 1________京剧票。这 2________京剧是武打 3________，人人都看得懂。4________他这个“老外”5________看得懂。京剧七点 6________始。他们不能 7________车去，因为车开 8________进去。他们想骑 9________去，半个小时到得 10________。

(B)	对	了	儿	丽	深	得	担	五	画	各
	duì	liǎo	ér	lì	shēn	de	dān	wǔ	huà	gè

马可 1________京剧的印象很 2________。他喜欢看那些 3________颜六色、各种 4________样的脸谱。马可觉 5________它们就像美 6________的图画。但是他 7________心，在人的脸上 8________那么多的画 9________，演员们受得 10________吗？

8. 听力练习 Listening comprehension

(1) A 拿得了 B 拿不了
(2) A 没有意思 B 没有眼镜
(3) A 五个 B 两个
(4) A 很难 B 有意思
(5) A 不喜欢 B 喜欢

9. 课堂活动 Classroom activities

One student plays the role of Mark (in the text), another student asks about Mark's opinion of Beijing opera.

(京剧，武打戏， 脸谱， 演员，衣服， 看得懂， 听不懂……)
jīngjù, wǔdǎxì, liǎnpǔ, yǎnyuán, yīfu, kàn de dǒng, tīng bu dǒng

作业 Homework

1. 用所给的词把下面的句子翻译成汉语 Translate the sentences into Chinese by using the given words

(1) I have a deep impression on Beijing. 印象
(2) The weather is so hot that I cannot bear it. 受
(3) The car is very small and it is possible to drive in. 开
(4) My eyesight is poor so that I cannot see it clearly. 清(楚)
(5) He resembles his father. 像

2. 写作练习 (300 汉字) Writing exercise

题目:我对京剧的印象
Topic: My impression on Beijing Opera

第6课 Lesson 6

他们会高兴得跳起来

Tāmen huì gāoxìng de tiào qilai

They are so happy that they will jump up with joy

课文 *Text*

(一)

王先生：我回来了！
Wáng xiānsheng　Wǒ huílai le!

王太太：这么晚！
Wáng tàitai　Zhème wǎn!

王先生：公司有一个很重要的会议。
Wáng xiānsheng　Gōngsī yǒu yí ge hěn zhòngyào de huìyì.

王太太：你吃饭了吗？
Wáng tàitai　Nǐ chī fàn le ma?

王先生：还没有。我快饿死了。现在我吃得下一头牛！
Wáng xiānsheng　Hái méiyǒu. Wǒ kuài è sǐ le. Xiànzài wǒ chī de xià yì tóu niú!

王太太：一头牛？家里没有一头牛，但是盘子里有牛肉，碗里有米饭。
Wáng tàitai　Yì tóu niú? Jiā li méiyǒu yì tóu niú, dànshì pánzi li yǒu niú ròu, wǎn li yǒu mǐfàn.

王先生：太好了。有什么饮料？我快渴死了。
Wáng xiānsheng　Tài hǎo le. Yǒu shénme yǐnliào? Wǒ kuài kě sǐ le.

王太太：冰箱里有新鲜的果汁，是我下午刚做的。
Wáng tàitai　Bīngxiāng li yǒu xīnxiān de guǒzhī, shì wǒ xiàwǔ gāng zuò de.

王先生：太好了。孩子们怎么样？
Wáng xiānsheng　Tài hǎo le. Háizimen zěnmeyàng?

王太太：很好。他们正在等你呢，想跟你玩儿电脑游戏。
Wáng tàitai　Hěn hǎo. Tāmen zhèngzài děng nǐ ne, xiǎng gēn nǐ wánr diànnǎo yóuxì.

王先生： 今天恐怕不行了。我太困了，想睡觉。
Wáng xiānsheng Jīntiān kǒngpà bù xíng le. Wǒ tài kùn le, xiǎng shuì jiào.

王太太： 孩子们没有游戏玩儿，一定很不开心。
Wáng tàitai Háizimen méiyǒu yóuxì wánr, yídìng hěn bù kāixīn.

王先生： 这个周末我们带他们去公园，好好儿玩儿玩儿。
Wáng xiānsheng Zhè ge zhōumò wǒmen dài tāmen qù gōngyuán, hǎohāor wánr wanr.

王太太： 我们带上 照相机，给孩子们照 几张 相。
Wáng tàitai Wǒmen dài shang zhàoxiàngjī, gěi háizimen zhào jǐ zhāng xiàng.

王先生： 好啊。我们好久没有一起照 相 了。
Wáng xiānsheng Hǎo a. Wǒmen hǎojiǔ méiyǒu yìqǐ zhào xiàng le .

王太太： 孩子们知道了，会高兴得跳起来。
Wáng tàitai Háizimen zhīdao le, huì gāoxìng de tiào qilai.

王先生： 现在别告诉他们。如果他们知道，就兴奋得睡不着了。
Wáng xiānsheng Xiànzài bié gàosu tāmen. Rúguǒ tāmen zhīdao, jiù xīngfèn de shuì bu zháo le.

王太太： 上 个周末你也说了去公园，可是……
Wáng tàitai Shàng ge zhōumò nǐ yě shuō le qù gōngyuán, kěshì....

王先生： 这次一定去！
Wáng xiānsheng Zhè cì yídìng qù!

(二)

王 先生 是一家大公司的老板。他早上八点上班，下午六点下班。但有时特别忙，八点才下班；有时忙得周末也得加班。王先生和同事们的关系很好，他喜欢和他们一
Wáng xiānsheng shì yì jiā dà gōngsī de lǎobǎn. Tā zǎoshang bā diǎn shàng bān, xià wǔ liù diǎn xià bān. Dàn yǒushí tèbié máng, bā diǎn cái xià bān; yǒushí máng de zhōumò yě děi jiā bān. Wáng xiānsheng hé tóngshìmen de guānxi hěn hǎo, tā xǐhuan hé tāmen yì

起吃午饭。不过，有时候太忙了，忙得没有时间吃午饭。
qǐ chī wǔfàn. Búguò, yǒu shíhou tài máng le, máng de méiyǒu shíjiān chī wǔfàn.

有时候，他一个星期也回不了家，因为他得出差。他真希
Yǒu shíhou, tā yí ge xīngqī yě huí bu liǎo jiā, yīnwèi tā děi chū chāi. Tā zhēn xī

望自己是一个超人：在公司是好老板，在家是好爸爸、好
wàng zìjǐ shì yí ge chāorén: zài gōngsī shì hǎo lǎobǎn, zài jiā shì hǎo bàba, hǎo

丈夫。
zhàngfu.

王太太每天工作半天，上午上班，下午在家做家
Wáng tàitai měi tiān gōngzuò bàn tiān, shàngwǔ shàng bān, xiàwǔ zài jiā zuò jiā

务，照顾孩子，去超市买东西，做晚饭。孩子们爱吃面
wù, zhàogù háizi, qù chāoshì mǎi dōngxi, zuò wǎnfàn. Háizimen ài chī miàn

条和鸡蛋，她经常做西红柿鸡蛋面。王太太不但是一个
tiáo hé jīdàn, tā jīngcháng zuò xīhóngshì jīdànmiàn. Wáng tàitai búdàn shì yí ge

好妈妈，而且是一个好妻子。虽然丈夫经常很晚回家，
hǎo māma, érqiě shì yí ge hǎo qīzi. Suīrán zhàngfu jīngcháng hěn wǎn huí jiā,

但是她很理解丈夫，知道他太忙了。公司里有问题的时
dànshì tā hěn lǐjiě zhàngfu, zhīdao tā tài máng le. Gōngsī li yǒu wèntí de shí

候，她为丈夫担心；公司里没有问题的时候，她为丈夫高
hou, tā wèi zhàngfu dānxīn; gōngsī li méiyǒu wèntí de shíhou, tā wèi zhàngfu gāo

兴。当然，她对全家人的身体健康最关心，每天认真地准
xìng. Dāngrán, tā duì quán jiā rén de shēntǐ jiànkāng zuì guānxīn, měi tiān rènzhēn de zhǔn

备早饭和晚饭。
bèi zǎofàn hé wǎnfàn.

(1)

Mr. Wang:	I am back!
Mrs. Wang:	You are so late.
Mr. Wang:	There was an important meeting in the company.
Mrs. Wang:	Have you had dinner?
Mr. Wang:	Not yet. I am so hungry that I could eat a cow!
Mrs. Wang:	A cow? There isn't a cow at home, but some beef on the plate and rice in the bowl.

Mr. Wang: Great! Are there any drinks? I'm terribly thirsty.
Mrs. Wang: There is fresh fruit juice in the refrigerator. I made it just this afternoon.
Mr. Wang: Great! How are the kids today?
Mrs. Wang: Fine. They are waiting for you to play computer games with them.
Mr. Wang: I'm afraid that I cannot do it today. I'm so sleepy and I want to go to bed.
Mrs. Wang: Well, no games to play, the kids must be unhappy.
Mr. Wang: Let's take them to a park this weekend for fun.
Mrs. Wang: Let's take our camera and take some photos for the kids.
Mr. Wang: Good. We haven't taken photos together for a long time.
Mrs. Wang: The kids will jump up for joy, if they know it.
Mr. Wang: Don't tell them now. If they know it, they will be too excited to fall asleep.
Mrs. Wang: You said we would go to a park last weekend, but...
Mr. Wang: This time we will surely go.

(2)

Mr. Wang is the boss of a big company. He goes to work at eight o'clock in the morning and finishes work at six in the afternoon. However sometimes he finishes his work at eight and sometimes he is so busy that he has to work overtime at weekends. Mr. Wang goes on well with his colleagues and he likes having lunch with them. Nevertheless, he is so busy that sometimes he has no time for lunch. Sometimes, he cannot go home for a week, because he has to be on a business trip. He really wishes that he could be a "superman", to be a good boss at the company and a good father and husband at home.

Mrs. Wang works half a day. She goes to work in the morning and stays at home in the afternoon doing housework. She takes care of the kids, goes to supermarkets to do shopping and cooks dinner. The kids like noodles and eggs, so that she often cooks noodles with tomatoes and eggs. Mrs. Wang is not only a good mother, but also a good wife. Although her husband often comes back home late, she understands him and knows that he is very busy. If there are problems in the company, she worries about him; if there are no problems she is happy for him. Of course, she concerns most about the health of her family and prepares good breakfast and dinner for them.

新词语 *New Words*

1	跳	tiào	*v.*	to jump
2	公司	gōngsī	*n.*	business firm
3	会议	huìyì	*n.*	conference, meeting
4	饿	è	*adj.*	hungry
5	头	tóu	*m.w.*	measure word (cow)
6	牛	niú	*n.*	cow
7	盘子	pánzi	*n.*	plate
8	牛肉	niúròu	*n.*	beef
9	碗	wǎn	*n.*	bowl
10	饮料	yǐnliào	*n.*	drinks
11	渴	kě	*adj.*	thirsty
12	新鲜	xīnxiān	*adj.*	fresh
	鲜	xiān	*adj.*	fresh
13	游戏	yóuxì	*n.*	game
14	困	kùn	*adj.*	sleepy
15	照相机	zhàoxiàngjī	*n.*	camera
16	照相	zhào xiàng		to take photo
17	着	zháo	*v.*	to be placed after verbs to indicate that a purpose or result is attained.
18	老板	lǎobǎn	*n.*	boss
19	上班	shàng bān		to go to work
20	下班	xià bān		to go off work

21	加班	jiā bān		to work overtime
	加	jiā	*v.*	to add
22	同事	tóngshì	*n.*	colleague
23	关系	guānxi	*n.*	relation
24	出差	chū chāi		go on a business trip
25	超人	chāorén	*n.*	superman
	超	chāo	*adj.*	super
26	丈夫	zhàngfu	*n.*	husband
	丈	zhàng	*n.*	traditional lineal measurement, slightly longer than 3 meters
	夫	fū	*n.*	a man, a master
27	家务	jiāwù	*n.*	house work
28	照顾	zhàogù	*v.*	to take care
29	超市	chāoshì	*n.*	supermarket
	市	shì	*n.*	market
30	鸡蛋	jīdàn	*n.*	(hen's) egg
31	经常	jīngcháng	*adv.*	often
32	西红柿	xīhóngshì	*n.*	tomato
33	妻子	qīzi	*n.*	wife
34	理解	lǐjiě	*v.*	to understand
35	关心	guānxīn	*v.*	to care for, to concern about

语法 Grammar

1. 程度补语(三) Complements of degree (3)

(程度补语(1)及程度补语(2)详见第二册第八课)

(See Chapter 8 of Book 2 for Complements of degree (1) and Complements of degree (2))

“形容词+得+动词短语”表示情况或动作的效果达到了较高的程度，如例句(1)。动词短语前可以带“能、可以、要”等能愿动词，如例句(2)。动词短语也可以是否定式，如例句(3)。

“Adj.+得+verbal phrase” indicates that the effect of situation or action has reached to a quite high degree, e.g. (1). These verbal phrases can take modal verbs such as “能、可以、要” before them, e.g. (2). The verbal phrase can also be in negative form, e.g. (3).

(1)	他	高兴	得		跳起来了。	He was so happy that he jumped up.
(2)	他	饿	得		能吃一头牛。	He is so hungry that he could eat a whole cow.
(3)	他	累	得	不	想吃饭。	He was so tired that he didn't want to eat.
	他	忙	得	没	时间吃饭。	He is so busy that he does't have time to eat.

2. “V+得+下/着(zháo)”

“下、着(zháo)”在“V+得”之后作可能补语.

“下、着(zháo)” are placed after “V+得” to function as complements of potentiality.

(1) V+得+下/V+不+下：表示有无空间进行容纳。

It indicates if there is space to accommodate something.

(2) V+得+着/ V +不+着：表示有无可能达到动作的目的或产生结果。

It indicates if it is possible to reach a target indicated by the verb or to generate a result.

(1)	他吃得	下	三个面包。	It's possible for him to eat three pieces of bread.
	他吃不	下	三个面包。	It's impossible for him to eat three pieces of bread.
(2)	他睡得	着	。	It's possible for him to fall asleep.
	他睡不	着	。	It's impossible for him to fall asleep.

3. 介词“对”与“为” “对” and “为” as preposition

(1) 介词“对”引导出的词语常是被对待的人或事物。例如“他对同事很关心”，“同事”是被关心的对象。As a preposition，“对” can be followed by words which refer to people or things being treated. E.g. In the sentence “他对同事很关心”，“同事” is the object that is being concerned about.

(2) 介词“为”引导出的词语常是句子中谓语的理由或原因。例如“她为丈夫高兴”，“丈夫”是高兴的理由。 As a preposition，“为” can be followed by words which refer to cause or reason of sentential predicates. E.g. In the sentence “她为丈夫高兴”，“丈夫” is the cause of her happiness.

(3) 用“对”还是“为”，也有比较固定的搭配动词。例如：“对……有印象”、“对……熟悉”等。Both “对” and “为” take relatively fixed collocations of verbs. E.g. “对……有印象”、“对……熟悉”, etc.

(1)	他	对	同事	很关心。	He is concerned about his colleagues.
	喝茶	对	身体	好。	Drinking tea is good to health.
(2)	王太太	为	丈夫	高兴。	Mrs. Wang is happy for her husband.
	王太太	为	丈夫	担心。	Mrs. Wang is worried about her husband.
(3)	他	对	北京	有很深的印象。	He has deep impression on Beijing.
	他	对	北京	很熟悉。	He is familiar with Beijing.

练习 Exercises

1. 课文问答练习 Questions and answers on the text

(一)

(1) 王 先生 为什么 很晚 回家?
Wáng xiānsheng wèi shénme hěn wǎn huí jiā?

(2) 王 先生 饿吗?
Wáng xiānsheng è ma?

(3) 盘子里有 什么?
Pánzi li yǒu shénme?

(4) 碗 里有 什么?
Wǎn li yǒu shénme?

(5) 王 先生 渴吗?
Wáng xiānsheng kě ma?

(6) 冰箱 里有 什么 饮料?
Bīngxiāng li yǒu shénme yǐnliào?

(7) 孩子们 想 干 什么?
Háizimen xiǎng gàn shénme?

(8) 王 先生 为什么 不能 和他们玩儿?
Wáng xiānsheng wèi shénme bù néng hé tāmen wánr?

(9) 他们 周末 打算 干 什么?
Tāmen zhōumò dǎsuàn gàn shénme?

(10) 现在 能 告诉孩子们吗? 为 什么?
Xiànzài néng gàosu háizimen ma? Wèi shénme?

（二）

（1）王先生　　的 工作 是什么？
Wáng xiānsheng de gōngzuò shì shénme?

（2）他 几点 上 班？ 几点下班？
Tā　jǐ diǎn shàng bān? Jǐ diǎn xià bān?

（3）王　先生 和 同事们 的关系 怎么样？
Wáng xiānsheng hé tóngshìmen de guānxi zěnmeyàng?

（4）王　先生 为什么 有 时候回不了家？
Wáng xiānsheng wèi shénme yǒu shíhou huí bu liǎo jiā?

（5）王 太太每 天 工作 多 长 时间？
Wáng tàitai měi tiān gōngzuò duōcháng shíjiān?

（6）王太太 下午 干什么？
Wáng tàitai xiàwǔ gàn shénme ?

（7）王 太太 经常 做 什么 饭？
Wáng tàitai jīngcháng zuò shénme fàn?

（8）什么 时候 王 太太为 丈夫 担心？
Shénme shíhou Wáng tàitai wèi zhàngfu dānxīn?

（9）什么 时候王太太 为 丈夫 高兴？
Shénme shíhou Wáng tàitai wèi zhàngfu gāoxìng?

（10）王太太 对 什么事最关心？
Wáng tàitai duì shénme shì zuì guānxīn?

2. 根据例句，改写下面的句子
Rewrite the sentences accoding to the example

E.g. 他很困，睡了两天。→ 他困得睡了两天。 他很累，不想吃饭。→ 他累得不想吃饭。

（1）王先生　　很饿，能 吃一头牛。
Wáng xiānsheng hěn è, néng chī yì tóu niú.

______________________________。

（2）孩子们很 高兴，他们 跳起来了。
Háizimen hěn gāoxìng, tāmen tiào qilai　le.

______________________________。

(3) 他很忙，忘了给妈妈打电话。
Tā hěn máng, wàng le gěi māma dǎ diànhuà.

________________________________。

(4) 王先生很忙，没有时间吃午饭。
Wáng xiānsheng hěn máng, méiyǒu shíjiān chī wǔfàn.

________________________________。

(5) 王先生很忙，没时间和孩子们玩儿。
Wáng xiānsheng hěn máng, méi shíjiān hé háizimen wánr.

________________________________。

(6) 学生们很忙，没时间看电视。
Xuéshengmen hěn máng, méi shíjiān kàn diànshì.

________________________________。

3. 根据句子的意思，画线连接A栏和B栏相应的句子
Match the sentences in Group A with those in Group B according to the meanings

A

(1) 箱子很大，十本书
Xiāngzi hěn dà, shí běn shū

(2) 我不饿，这个大面包我
Wǒ bú è, zhè ge dà miànbāo wǒ

(3) 汽车很大，五个人
Qìchē hěn dà, wǔ ge rén

(4) 他喝了很多咖啡，
Tā hē le hěn duō kāfēi,

(5) 我的手机不见了，我
Wǒ de shǒujī bú jiàn le, wǒ

B

a 坐得下。
zuò de xià.

b 找不着了。
zhǎo bu zháo le.

c 放得下。
fàng de xià.

d 吃不下。
chī bu xià.

d 睡不着。
shuì bu zháo.

4. 用“对”或者“为”填空 Fill in the blanks with “对” or “为”

(1) 你________北京有什么印象？
Nǐ Běijīng yǒu shénme yìnxiàng?

(2) 我________上海 不熟悉。
Wǒ Shànghǎi bù shúxī.

(3) 妈妈 常常________孩子担心。
Māma chángcháng háizi dānxīn.

(4) 中国人________朋友 很 热情。
Zhōngguórén péngyou hěn rèqíng.

(5) 你________什么事着急?
Nǐ shénme shì zháojí?

(6) 学生们________汉语 感兴趣。
Xuéshengmen Hànyǔ gǎn xìngqù.

(7) 运动________身体好。
Yùndòng shēntǐ hǎo.

(8) 学生们 学得 很好，老师________他们高兴。
Xuéshengmen xué de hěn hǎo, lǎoshī tāmen gāoxìng.

(9) 你________什么事 生 气?
Nǐ shénme shì shēng qì?

(10) 他________同事 们 很 关心。
Tā tóngshìmen hěn guānxīn.

5. 根据实际情景完成下列对话
Complete the following dialogues according to real situations

(1) 你忙 吗?
Nǐ máng ma?

(2) 你玩儿电脑 游戏吗?
Nǐ wánr diànnǎo yóuxì ma?

(3) 你们家谁做 饭?
Nǐmen jiā shéi zuò fàn?

(4) 你们家谁 做家务?
Nǐmen jiā shéi zuò jiāwù?

(5) 你的房间 住得下三 个人吗?
Nǐ de fángjiān zhù de xià sān ge rén ma?

(6) 你喜欢吃西红柿吗?
Nǐ xǐhuan chī xīhóngshì ma?

(7) 你常常 去 公园 吗？
Nǐ chángcháng qù gōngyuán ma?

(8) 你喜欢 照 相 吗？
Nǐ xǐhuan zhào xiàng ma?

(9) 你和同学们 关系 怎么样？
Nǐ hé tóngxuémen guānxi zěnmeyàng?

(10) 在这儿买得着 汉语词典吗？
Zài zhèr mǎi de zháo Hànyǔ cídiǎn ma?

6. 用所给的汉字填空
Fill in the blanks with the given Chinese characters

(A)	板	间	加	全	下	游	司	饿	和	相
	bǎn	jiān	jiā	quán	xià	yóu	sī	è	hé	xiàng

王先生是一个老 1________，他有一家大公 2________。他特别忙，常常 3________班。今天他很晚才 4________班，回到家时，他又 5________又累。孩子们很想 6________他一起玩儿电脑 7________戏，可是他没有时 8________。不过他说，周末和 9________家人去公园照 10________。

(B)	半	夫	西	务	面	妻	体	市	牛	但
	bàn	fū	xī	wù	miàn	qī	tǐ	shì	niú	dàn

王太太每天工作 1________天，下午在家做家 2________、照顾孩子、去超 3________买东西。她经常做 4________红柿鸡蛋 5________，有时候也做 6________肉。王太太不 7________是好妈妈，也是好 8________子。她很关心丈 9________的工作和身 10________健康。

7. 听力练习 Listening comprehension

(1) A 在睡觉 B 很高兴
(2) A 没有吃 B 吃完饭了
(3) A 爱吃西红柿 B 不爱吃西红柿
(4) A 担心 B 不担心
(5) A 休息 B 工作

8. 课堂活动 Classroom activities

(1) Interview Mr. Wang. Ask questions about his work and family.
(工作,太太,孩子……)
(2) Interview Mrs. Wang. Ask questions about her work and family.
(工作,丈夫,孩子……)

作业 Homework

1. 用所给的词把下面的句子翻译成汉语 Translate the sentences into Chinese by using the given words

(1) Would you please take a photo of me? 照相
(2) Who takes care of the children? 照顾
(3) He is in good relation with his colleagues. 关系
(4) I am happy for you. 为
(5) The teacher concerns about the students. 对……关心

2. 写作练习 (300 汉字) Writing exercise

题目:王先生的家庭 (jiātíng)
Topic: Mr. Wang's family

第7课 Lesson 7

谁都会

Shéi dōu huì

Everyone can do it

课文 Text

(一)

林达：这件上衣不错，你看上去很帅！
Líndá Zhè jiàn shàngyī búcuò, nǐ kàng shangqu hěn shuài!

大阳：是吗？还行吧。
Dàyáng Shì ma? Hái xíng ba.

林达：你是不是要去见女朋友？
Líndá Nǐ shì bu shì yào qù jiàn nǚpéngyou?

大阳：是，也不是。
Dàyáng Shì, yě bú shì.

林达：什么意思？
Líndá Shénme yìsi?

大阳：我去和朋友一起跳舞，希望在那儿碰见一个可爱的女孩儿。
Dàyáng Wǒ qù hé péngyou yìqǐ tiào wǔ, xīwàng zài nàr pèngjiàn yí ge kě'ài de nǚháir.

林达：看起来你跳舞跳得不错。
Líndá Kàn qilai nǐ tiào wǔ tiào de búcuò.

大阳：还行吧，但是没有猫王①跳得好。哈哈！
Dàyáng Hái xíng ba, dànshì méiyǒu Māowáng tiào de hǎo. Haha!

林达：你参加过比赛吗？
Líndá Nǐ cānjiā guo bǐsài ma?

大阳：我什么比赛也没参加过。我不喜欢比赛。
Dàyáng Wǒ shénme bǐsài yě méi cānjiā guo. Wǒ bù xǐhuan bǐsài.

林达：你会跳什么舞？
Líndá Nǐ huì tiào shénme wǔ?

大阳：我几乎什么舞都会跳，你呢？
Dàyáng Wǒ jīhū shénme wǔ dōu huì tiào, nǐ ne?

林达：我？几乎什么舞都不会跳。
Líndá Wǒ? Jīhū shénme wǔ dōu bú huì tiào.

大阳：连迪斯科也不会跳吗？
Dàyáng Lián dísīkē yě bú huì tiào ma?

林达：那不算跳舞，谁都会。
Líndá Nà bú suàn tiào wǔ, shéi dōu huì.

大阳：要是你想学跳舞的话，我可以教你。
Dàyáng Yàoshi nǐ xiǎng xué tiào wǔ dehuà, wǒ kěyǐ jiāo nǐ.

林达：太好了。我们什么时候开始"上课"？
Líndá Tài hǎo le. Wǒmen shénme shíhou kāishǐ "shàng kè"?

大阳：什么时候都可以。下星期吧，哪天都行。
Dàyáng Shénme shíhou dōu kěyǐ. Xià xīngqī ba, nǎ tiān dōu xíng.

（二）

大阳的奶奶七十多岁，爱好跳舞，她每天都去跳舞。她觉得跳舞又是体育活动，又是一种艺术活动。跳舞的时候，除了锻炼身体以外，还能听到好听的音乐。但是她不会跳迪斯科，也从来不去迪厅。她觉得那儿的音乐声音太大，太吵，她的耳朵受不了。她喜欢早上去公园跳舞，因为那里空气很新鲜。

Dàyáng de nǎinai qīshí duō suì, àihào tiào wǔ, tā měi tiān dōu qù tiào wǔ. Ta juéde tiào wǔ yòu shì tǐyù huódòng, yòu shì yì zhǒng yìshù huódòng. Tiào wǔ de shíhou, chúle duànliàn shēntǐ yǐwài, hái néng tīng dào hǎotīng de yīnyuè. Dànshì tā bú huì tiào dísīkē, yě cónglái bú qù dítīng. Tā juéde nàr de yīnyuè shēngyīn tài dà, tài chǎo, tā de ěrduo shòu bu liǎo. Tā xǐhuan zǎoshang qù gōngyuán tiào wǔ, yīnwèi nàlǐ kōngqì hěn xīnxiān.

老张②是大阳家的邻居，他也七十多岁。他最喜欢
Lǎo Zhāng shì Dàyáng jiā de línjū, tā yě qīshí duō suì. Tā zuì xǐhuan
散步。他觉得这种运动很简单，不用学，谁都会，而且
sàn bù. Tā juéde zhè zhǒng yùndong hěn jiǎndān, búyòng xué, shéi dōu huì, érqiě
也很方便，什么时候，在哪儿都能散步。老张有三只
yě hěn fāngbiàn, shénme shíhou, zài nǎr dōu néng sàn bù. Lǎo Zhāng yǒu sān zhī
鸟。除了刮风下雨，老张每天早上都带着他的鸟去
niǎo. Chúle guā fēng xià yǔ, Lǎo Zhāng měi tiān zǎoshang dōu dài zhe tā de niǎo qù
公园，一边散步，一边听他的鸟"唱歌"。
gōngyuán, yìbiān sàn bù, yìbiān tīng tā de niǎo "chàng gē".

现在是早上七点，大阳的奶奶和老张已经到公园
Xiànzài shì zǎoshang qī diǎn, Dàyáng de nǎinai hé Lǎo Zhāng yǐjīng dào gōngyuán
了。公园里有很多人，有的人打太极拳，有的人唱歌，还
le. Gōngyuán li yǒu hěn duō rén, yǒude rén dǎ tàijíquán, yǒude rén chàng gē, hái
有的人跑步。今天公园里有很多外国游客，比平时更热
yǒude rén pǎo bù. Jīntiān gōngyuán li yǒu hěn duō wàiguó yóukè, bǐ píngshí gèng rè
闹。那些外国游客看到老张带着他的鸟散步，感到很
nao. Nàxiē wàiguó yóukè kàn dào Lǎo Zhāng dài zhe tā de niǎo sàn bù, gǎndào hěn
奇怪。在他们国家，人们带着狗散步。他们看到大
qíguài. Zài tāmen guójiā, rénmen dài zhe gǒu sàn bù. Tāmen kàn dào Dà
阳的奶奶跳舞，感到更奇怪了。在他们国家，人们晚
yáng de nǎinai tiào wǔ, gǎndào gèng qíguài le. Zài tāmen guójiā, rénmen wǎn
上在舞厅跳舞。他们从来没有见过这样的事。他
shang zài wǔtīng tiào wǔ. Tāmen cónglái méiyǒu jiàn guo zhèyàng de shì. Tā
们说，这儿的生活太有意思了！
men shuō, zhèr de shēnghuó tài yǒu yìsi le!

(1)

Linda: This jacket is nice. You look very handsome!
Dayang: Do I? It's not bad.
Linda: Are you going to see your girlfriend?
Dayang: Yes or no.
Linda: What do you mean?
Dayang: I am going to dance with friends and hope to meet a lovely girl

there.

Linda: It seems that you dance very well.

Dayang: Oh, yes, but not as good as Elvis Presley. Ha ha.

Linda: Have you participated in any dance competitions?

Dayang: Not a single competition. I don't like competitions.

Linda: What kinds of dances can you do?

Dayang: Almost all kinds of dances. And you?

Linda: Me? Almost none.

Dayang: Not even disco?

Linda: That cannot be counted as dance. Everyone can do it.

Dayang: If you want to learn dancing, I can teach you.

Linda: Great! When shall we start the "lesson"?

Dayang: Any time. Let's start on any day next week.

(2)

Dayang's grandmother loves dancing. She is over seventy and she goes dancing every day. She thinks that dancing is an activity of physical training as well as an artistic activity. Apart from doing physical movement, one can also listen to nice music. But she cannot dance disco and she never goes to disco hall. She thinks the music in the hall is too loud and noisy that her ears cannot bear it. She likes going to dance in a park in the morning. The air is very fresh there.

Old Zhang is a neighbor of Dayang's family. He is also over seventy and he likes walking best. He thinks that it is a simple sport and anyone can do it without training. Moreover one can do it anytime. Old Zhang has three birds. Except on windy or rainy days, every morning he goes to a park with his birds, walking while listening to his birds singing.

It is now seven o'clock in the morning. Dayang's grandmother and her neighbor, Old Zhang, are already at the park. There are many people there. Some are playing Tai Chi, some are singing and some are jogging. Today the park is more lively than usual with many foreign tourists. They are very surprised when they see Old Zhang walking with his birds. In their country, people walk with their dogs! They are even more surprised when they see Dayang's grandmother dancing. In their country, people dance in a dance hall in the evening. They have never seen such things before. They say life is really interesting here!

新词语 New Words

1	上衣	shàngyī	*n.*	jacket , coat
2	帅	shuài	*adj.*	(of man) handsome
3	希望	xīwàng	*v.*	to hope
4	碰见	pèngjiàn	*v.*	to meet (someone, something unexpectedly)
5	比赛	bǐsài	*n./v.*	(of cultural, artistic, sport) competition; to compete
6	几乎	jīhū	*adv.*	almost
7	迪斯科	dísīkē	*n.*	disco
8	算	suàn	*v.*	to count, to calculate
9	要是…的话	yàoshi...de huà		if
10	体育	tǐyù	*n.*	physical training
11	活动	huódòng	*n./v.*	activity; to move about
12	艺术	yìshù	*n.*	art
13	除了…以外	chúle...yǐwài		apart from, except
14	从来(不/没)	cónglái (bù/méi)	*adv.*	never
15	迪厅	dítīng	*n.*	disco hall
16	声音	shēngyīn	*n.*	sound
17	吵	chǎo	*adj./v.*	noisy; to make noise
18	耳朵	ěrduo	*n.*	ear
19	空气	kōngqì	*n.*	air
20	邻居	línjū	*n.*	neighbor
	邻	lín	*n.*	next to
	居	jū	*v.*	to live

21	太极拳	tàijíquán	*n.*	Taijiquan (shadow boxing)
	太极	tàijí	*n.*	the Great ultimate, Tai Chi
	拳	quán	*n.*	fist, boxing
22	跑步	pǎo bù		to jog
23	游客	yóukè	*n.*	tourist
24	平时	píngshí	*n.*	at usual times
25	热闹	rènao	*adj.*	bustling with noise and excitement
26	感到	gǎndào	*v.*	to feel
27	国家	guójiā	*n.*	country
28	舞厅	wǔtīng	*n.*	dance hall
29	生活	shēnghuó	*n./v.*	life; to live (a life)

注释 NOTES

① 猫王：Elvis Presley (1935—1977) was an American singer and actor. His fans in the Southern U.S. gave him the nick name "The Hillbilly Cat".

② 老张："老" is placed before a surname to form a cordial and casual addressing term for old people.

语法 Grammar

1. 疑问代词表示任指 Interrogative pronouns indicate general reference

疑问代词"谁、什么、什么时候、哪、哪一(个)"与"都"连用可以表示任指。否定式是将"不"或"没"放在"都/也"之后。

"谁、什么、什么时候、哪儿、哪一(个)" can be followed by "都" to indicate general reference. The negative form is made by placing "不"or"没"after "也/都".

(1) "谁都……" 指任何人。"谁都……" refers to everyone.

(2) "什么都……" 指任何(事物)。"什么都……" refers to everything.

(3) "什么时候都……"指任何时间。"什么时候都……" refers to anytime.

(4) "哪儿都……" 指任何地方。"哪儿都……" refers to anywhere.

"哪"与数量词"一个/天……"等表示指其中的任何一个。"哪" can be followed by numeral-measure word such as "一个/天……" etc. to refer to "whichever one".

(1)	谁		都		会说英语。	Everyone can speak English.
	谁		都/也	不	会说英语。	No one can speak English.
(2)	什么舞	他	都		会跳。	He can dance all kinds of dances.
	什么舞	他	都/也	不	会跳。	He cannot dance any kind of dance.
(3)	什么时候	开始	都		可以。	It is fine to can start at any time.
	什么时候	来	都/也	不行。		You can not come at any time.
(4)	在哪儿	他	都		能散步。	He can take a walk anywhere .
	哪儿	我	都/也	不	想去。	I don't want to go anywhere.
	哪一天	开始	都		可以。	We can start on any day.

2. "除了……(以外), 也/还……"与"除了……, 都……"
"除了……(以外), 也/还……" and "除了……, 都……"

(1) "除了……(以外), 也/还……"表示前后两个句子中所提及的事物都包括在内。The sentence "除了……(以外), 也/还……" means that what mentioned in both clauses are included.

(2) "除了……(以外), 都……"表示"除了……,"句子中所提及的事物不包括在内。The sentence "除了……(以外), 都……" means that what mentioned in "除了……," clause is not included.

(1)	除了	锻炼身体,她	也/还	能听到音乐。	Apart from doing physical exercise, she can also listen to music.
(2)	除了	下雨天,他每天	都	去跑步。	He goes jogging every day except on rainy days.

3. "从来(不/没)"

"从来" 表示从过去到现在,多用于否定式。否定词"不"或"没"放在"从来"之后。在 "从来+没+V"句式中,动词之后需用"过"。

"从来" means from past until now and it is mainly used with negatives such as "不" or "没", which are placed after "从来". In "从来+没+V"structure, the verb needs to have "过" after it.

(1)	她	从来	不去那儿。	She never goes there.
(2)	他们	从来	没见过这样的事儿。	They have never seen such things before.

练习 Exercises

1. 课文问答练习 Questions and answers on the text

(一)

(1) 大阳看 上去 怎么样?
Dàyáng kàn shangqu zěnmeyàng?

(2) 大阳去做什么?
Dàyáng qù zuò shénme?

(3) 大阳 为什么去跳舞?
Dàyáng wèi shénme qù tiào wǔ?

(4) 大阳 跳舞跳得怎么样?
Dàyáng tiào wǔ tiào de zěnmeyàng?

(5) 大阳参加过跳舞比赛吗? 为什么?
Dàyáng cānjiā guo tiào wǔ bǐsài ma? Wèi shénme?

(6) 大阳会跳 什么舞?
Dàyáng huì tiào shénme wǔ?

(7) 林达会跳 什么 舞?
Líndá huì tiào shénme wǔ?

(8) 林达会跳迪斯科吗?
Líndá huì tiào dísīkē ma?

(9) 林达想 学跳舞吗?
Líndá xiǎng xué tiào wǔ ma?

(10) 大阳 说 什么时候开始"上 课"?
Dàyáng shuō shénme shíhou kāishǐ "shàng kè"?

(二)

(1) 大阳的奶奶多大年纪?
Dàyáng de nǎinai duō dà niánjì?

(2) 大阳的奶奶为什么爱好跳舞?
Dàyáng de nǎinai wèi shénme àihào tiào wǔ?

(3) 她为什么不去迪厅跳舞?
Tā wèi shénme bú qù dítīng tiào wǔ?

(4) 她为什么 早上 去公园 跳舞?
Tā wèi shénme zǎoshang qù gōngyuán tiào wǔ?

(5) 老 张 是谁? 他为什么爱好散步?
Lǎo Zhāng shì shéi ? Tā wèi shénme àihào sàn bù?

(6) 他每天都散步吗? 他和谁散步?
Tā měi tiān dōu sàn bù ma? Tā hé shéi sàn bù?

(7) 人们 早上在 公园里干什么?
Rénmen zǎoshang zài gōngyuán li gàn shénme?

(8) 今天 公园 里为什么更热闹?
Jīntiān gōngyuán li wèi shénme gèng rènao?

(9) 外国游客看到老 张 带着鸟 散步,为什么感到奇怪?
Wàiguó yóukè kàn dào Lǎo Zhāng dài zhe niǎo sàn bù, wèi shénme gǎndào qíguài?

(10) 外国游客看到大阳的奶奶跳舞,为什么感到奇怪?
Wàiguó yóukè kàn dào Dàyáng de nǎinai tiào wǔ, wèi shénme gǎndào qíguài?

2. 根据例句完成下面的会话
Complete the flowing dialogues according to the example

E.g. A: 谁有手机?
B: 谁都有手机。

(1) A: 谁有词典? B: 谁＿＿＿＿＿＿＿＿。
Shéi yǒu cídiǎn ?

(2) A: 谁会用 电脑? B: 谁＿＿＿＿＿＿＿＿。
Shéi huì yòng diànnǎo ?

(3) A: 谁会说英语? B: 谁＿＿＿＿＿＿＿＿。
Shéi huì shuō Yīngyǔ ?

(4) A: 你想买什么? B: 什么＿＿＿＿＿＿＿＿。
Nǐ xiǎng mǎi shénme?

(5) A: 你想学什么? B: 什么＿＿＿＿＿＿＿＿。
Nǐ xiǎng xué shénme?

(6) A: 我们 什么时候见面? B: 什么＿＿＿＿＿＿＿＿。
Wǒmen shénme shíhou jiàn miàn?

(7) A: 你哪天 能 来 学校？ B: 哪天________。
Nǐ nǎ tiān néng lái xuéxiào?

(8) A: 你喜欢哪个季节？ B: 哪个________。
Nǐ xǐhuan nǎ ge jìjié?

(9) A: 你喜欢哪 种 茶？ B: 哪种________。
Nǐ xǐhuan nǎ zhǒng chá?

(10) A: 你想 去 公园 还是 超 市？ B: 哪儿________。
Nǐ xiǎng qù gōngyuán háishi chāoshì?

3. 把下面的句子变成否定句
Change the following sentences into negative sentences

E.g. 谁都喜欢他。→ 谁都不喜欢他。

(1) 谁 都 认识这 个人。 ________。
Shéi dōu rènshi zhè ge rén.

(2) 在这儿，谁 都 会 说 汉语。 ________。
Zài zhèr, shéi dōu huì shuō Hànyǔ.

(3) 什么 音乐他都喜欢。 ________。
Shénme yīnyuè tā dōu xǐhuan.

(4) 什么 舞他都会跳。 ________。
Shénme wǔ tā dōu huì tiào.

(5) 在哪儿工作 他 都高兴。 ________。
Zài nǎr gōngzuò tā dōu gāoxìng.

(6) 北京、上海、西安，他哪儿都去过。 ________。
Běijīng, Shànghǎi, Xī'ān, tā nǎr dōu qù guo.

4. 用"从来"改写下面的句子
Rewrite the following sentences by using "从来"

(1) 我不喝酒。 ________。
Wǒ bù hē jiǔ.

(2) 我不参加比赛。 ________。
Wǒ bù cānjiā bǐsài.

(3) 我没去过西安。 ________________。
Wǒ méi qù guo Xī'ān.

(4) 冬天 这儿不下雨。 ________________。
Dōngtiān zhèr bú xià yǔ.

(5) 他没见过 这样 的事。 ________________。
Tā méi jiàn guo zhèyàng de shì.

(6) 他没 学 过汉语。 ________________。
Tā méi xué guo Hànyǔ.

5. 根据下列句子，选择正确的答案
Choose a correct answer according to the sentence

(1) 除了星期一，她每天 都 游泳。
Chúle xīngqīyī, tā měi tiān dōu yóu yǒng.
A 她星期一游泳。
B 她星期一不游泳。

(2) 除了英语，他还会法语。
Chúle Yīngyǔ, tā hái huì Fǎyǔ.
A 他会英语。
B 他不会英语。

(3) 除了老师，学生们 都 没 去。
Chúle lǎoshī, xuéshengmen dōu méi qù.
A 老师去了。
B 老师没有去。

(4) 除了 中国歌，他不会唱别 的 歌。
Chúle Zhōngguógē, tā bú huì chàng biéde gē.
A 他不会唱中国歌。
B 他会唱中国歌。

(5) 除了骑车，我们也喜欢骑马。
Chúle qí chē, wǒmen yě xǐhuan qí mǎ.
A 我们不喜欢骑车。
B 我们喜欢骑车。

6. 根据实际情况完成下面的会话
Complete the following dialogues according to real situations

(1) 在你们 班，谁 会写汉字? ________________。
Zài nǐmen bān, shéi huì xiě Hànzì ?

(2) 你们 谁 有手机? ________________。
Nǐmen shéi yǒu shǒujī?

(3) 你们 谁 会 说 拉丁语? ________________。
Nǐmen shéi huì shuō Lādīngyǔ (Latin)?

(4) 你们 谁 爬 过喜马拉雅山? ________________。
Nǐmen shéi pá guo Xǐmǎlāyǎ Shān (Himalayas)?

(5) 你们谁会唱《生日歌》? ______________。
Nǐmen shéi huì chàng《Shēngrìgē》?

(6) 我们哪天见面? ______________。
Wǒmen nǎ tiān jiàn miàn?

(7) 你喜欢喝什么酒? ______________。
Nǐ xǐhuan hē shénme jiǔ?

(8) 这个超市真大! 你想买什么? ______________。
Zhè ge chāoshì zhēn dà ! Nǐ xiǎng mǎi shénme?

7. 用所给的汉字填空
Fill in the blanks with the given Chinese characters

(A)	得	比	都	加	也	舞	来	爱	得	希
	de	bǐ	dōu	jiā	yě	wǔ	lái	ài	de	xī

大阳今天穿 1______很帅。他要去跳 2______,在那儿他很 3______望碰见一个可 4______的女孩儿。他跳舞跳 5______很好,什么舞 6______会跳,不过他什么 7______赛也没有参 8______过。林达什么舞 9______不会跳,所以她从 10______没去过舞厅。

(B)	园	游	步	热	极	平	奇	鸟	家	步
	yuán	yóu	bù	rè	jí	píng	qí	niǎo	jiā	bù

早上五点,公 1______里有的人跑 2______,有的人打太 3______拳,还有的人散 4______。今天的公园比 5______时人更多,更 6______闹,因为有很多外国 7______客。看到有人带着 8______散步,他们觉得很 9______怪,在他们国 10______,人们带着狗散步。

8. 听力练习　Listening comprehension

(1) A　都会　　　　B　都不会
(2) A　不去　　　　B　去
(3) A　太吵了　　　B　耳朵不好
(4) A　星期一　　　B　星期一或星期二
(5) A　出去　　　　B　在家

9. 课堂活动　Classroom activities

(1) One student plays the role of an interviewer, the other student plays the role of Lao Zhang/ Dayang/Dayang's grandmother. Ask questions about their hobbies.

(2) Talk about what people do in parks in Beijing with the help of the following pictures.

作业　*Homework*

1. 用所给的词把下面的句子翻译成汉语
Translate the sentences into Chinese by using the given words

(1) Apart from dancing, he also likes singing.　　除了
(2) The foreign tourists feel it very interesting.　　感到
(3) Yesterday I met an old friend unexpectedly.　　碰见
(4) I hope that everyone is happy.　　希望
(5) He never dances.　　从来(不)

2. 写作练习 (300 汉字)　Writing exercise

选择一个题目:(1) 大阳的奶奶　(2) 老张
Choose one topic: (1) Dayang's grandmother　(2) Lao Zhang

第8课 Lesson 8

电脑被小猫弄坏了

Diànnǎo bèi xiǎo māo nòng huài le

The computer was damaged by the cat

课文 Text

(一)

小文：大卫，帮帮忙。
Xiǎowén　Dàwèi, bāng bang máng.

大卫：怎么了？看你，脸上都是汗！
Dàwèi　Zěnme le? Kàn nǐ, liǎn shang dōu shì hàn!

小文：别提了[1]！邻居的小猫来玩儿，电脑被它弄坏了[2]。
Xiǎowén　Bié tí le! Línjū de xiǎo māo lái wánr, diànnǎo bèi tā nòng huài le.

大卫：邻居的小猫？
Dàwèi　Línjū de xiǎo māo?

小文：是啊。本来，我在用电脑，它在桌子上坐着。
Xiǎowén　Shì a. Běnlái, wǒ zài yòng diànnǎo, tā zài zhuōzi shang zuò zhe.

大卫：后来呢？
Dàwèi　Hòulái ne?

小文：后来，我的电脑里出现了一只老鼠……
Xiǎowén　Hòulái, wǒ de diànnǎo li chūxiàn le yì zhī lǎoshǔ.....

大卫：一只老鼠？
Dàwèi　Yì zhī lǎoshǔ?

小文：小猫的眼睛马上变大了，耳朵也竖起来了。
Xiǎowén　Xiǎo māo de yǎnjīng mǎshàng biàn dà le, ěrduo yě shù qilai le.

大卫：猫见到了老鼠，太可怕了！
Dàwèi　Māo jiàn dào le lǎoshǔ, tài kěpà le!

小文：小猫跳起来，向老鼠跑过去。我来不及做什么[3]。
Xiǎowén　Xiǎo māo tiào qilai, xiàng lǎoshǔ pǎo guoqu. Wǒ lái bù jí zuò shénme.

大卫：我明白了，这台电脑被它碰坏了。
Dàwèi Wǒ míngbai le, zhè tái diànnǎo bèi tā pèng huài le.

小文：不是，是桌子上的杯子被它碰倒了。
Xiǎowén Bú shì, shì zhuōzi shang de bēizi bèi tā pèng dǎo le.

大卫：杯子里有水吧？
Dàwèi Bēizi li yǒu shuǐ ba?

小文：不是水，是茶，龙井茶。
Xiǎowén Bú shì shuǐ, shì chá, Lóngjǐngchá.

大卫：我明白了，龙井茶被电脑“喝”了。是中国电脑吧？
Dàwèi Wǒ míngbai le, Lóngjǐngchá bèi diànnǎo “hē” le. Shì Zhōngguó diànnǎo ba?

小文：你别开玩笑了。电脑里有重要的文件呢，我的书也被弄脏了……
Xiǎowén Nǐ bié kāi wánxiào le. Diànnǎo li yǒu zhòngyào de wénjiàn ne, wǒ de shū yě bèi nòng zāng le…

大卫：别急，我来看看吧。
Dàwèi Bié jí, wǒ lái kàn kan ba.

（二）

小文的电脑叫小猫弄坏了。她上不了网，发不了邮件，不能和国外的朋友联系，什么事也做不了。而且，她很担心电脑里的文件。有些文件很重要，如果被弄坏，就麻烦了。所以，小文请大卫来帮忙修电脑。
Xiǎowén de diànnǎo jiào xiǎo māo nòng huài le. Tā shàng bu liǎo wǎng, fā bu liǎo yóujiàn, bù néng hé guówài de péngyou liánxi, shénme shì yě zuò bu liǎo. Ér qiě, tā hěn dānxīn diànnǎo li de wénjiàn. Yǒuxiē wénjiàn hěn zhòngyào, rúguǒ bèi nòng huài, jiù máfan le. Suǒ yǐ, Xiǎowén qǐng Dàwèi lái bāngmáng xiū diànnǎo.

大卫常常修家里的东西，技术不错。不管什么东西出了问题，他都可以修好。邻居们有时请他帮忙。不管
Dàwèi chángcháng xiū jiā li de dōngxi, jìshù búcuò. Bùguǎn shénme dōngxi chū le wèntí, tā dōu kěyi xiū hǎo. Línjūmen yǒushí qǐng tā bāng máng. Bùguǎn

他有没有别的事，他都去帮忙。有一次，邻居的电脑
tā yǒu méiyǒu bié de shì, tā dōu qù bāng máng. Yǒu yí cì, línjū de diànnǎo

坏了，请他去修，他只花了十多分钟就修好了。他不仅
huài le, qǐng tā qù xiū, tā zhǐ huā le shí duō fēnzhōng jiù xiū hǎo le. Tā bùjǐn

会修电脑，也会修自行车、电视机、洗衣机什么的。有一
huì xiū diànnǎo, yě huì xiū zìxíngchē, diànshìjī, xǐyījī shénmede. Yǒu yí

次，小文的自行车坏了，她找不到修车的地方，只好请
cì, Xiǎowén de zìxíngchē huài le, tā zhǎo bu dào xiū chē de dìfang, zhǐhǎo qǐng

大卫来修。大卫拿来工具，很快就修好了。小文高兴地
Dàwèi lái xiū. Dàwèi ná lái gōngjù, hěn kuài jiù xiū hǎo le. Xiǎowén gāoxìng de

说："看来，我得叫你师傅了。"大卫说："'师傅'是什么
shuō:" Kànlái, wǒ děi jiào nǐ shīfu le." Dàwèi shuō: " 'Shīfu' shì shénme

意思？"小文说："'师傅'就是有技术的人。"大卫说："过
yìsi?" Xiǎowén shuō: " 'Shīfu' jiùshì yǒu jìshù de rén." Dàwèi shuō: " Guò

奖了。小问题我能解决，大问题我也没办法。"
jiǎng le. Xiǎo wèntí wǒ néng jiějué, dà wèntí wǒ yě méi bànfǎ."

大卫还在帮小文修电脑，小猫又跑来了，它好像知道
Dàwèi hái zài bāng Xiǎowén xiū diànnǎo, xiǎo māo yòu pǎo lái le, tā hǎoxiàng zhīdao

自己做了错事，站在他们的后面，看看小文，又看看
zìjǐ zuò le cuò shì, zhàn zài tāmen de hòumian, kàn kan Xiǎowén, yòu kàn kan

大卫，好像在请他们原谅自己。
Dàwèi, hǎoxiàng zài qǐng tāmen yuánliàng zìjǐ.

(1)

Xiaowen: David, could you help me?

David: What's wrong? Look at you. You are sweating all over your face!

Xiaowen: It was awful! My neighbor's cat came for a visit and my computer was damaged by the cat.

David: Your neighbor's cat?

Xiaowen: Yes. At first it was sitting on my desk and I was working with my computer.

David: And later?

Xiaowen: Later, a mouse appeared on the computer.....

David: A mouse?

Xiaowen: The cat's eyes got big and its ears pricked up.

David: A cat has seen a mouse. It is horrible!

Xiaowen: The cat jumped up and ran to the mouse. I didn't have time to do anything.

David: Now I understand. The computer was damaged by the cat.

Xiaowen: No. The cup on the desk was knocked down by the cat.

David: There was water in the cup, wasn't there?

Xiaowen: It was not water but tea, Longjing tea.

David: Now I know the tea was "drunk" by the computer. It is Chinese computer, isn't it?

Xiaowen: Don't be joking. There are some important files in the computer and my book got dirty, too.

David: Don't worry. Let me have a look.

(2)

Xiaowen's computer was damaged by a cat. She couldn't log on the Internet and couldn't send emails or contact her friends abroad either. There was nothing she could do. Besides, she was worried about the files in the computer. Some files were important and if they were damaged there would be trouble. So Xiaowen asked David to come to repair the computer.

David often repairs things at home and he is quite skillful. No matter what goes wrong, he can fix it. His neighbors sometimes ask him for help. No matter he is free or not, he will go and help them. Once his neighbor's computer was broken and asked him to repair it. He did it in only about ten minutes. He can repair not only computers, but also bikes, TV scts, washing machines and so on and so forth. Once Xiaowen carelessly got her bike broken and she couldn't find a repair shop. She had to ask David to come to repair it. David came with tools and he quickly fixed it. Xiaowen was so happy that she said: "It seems that I must call you 'shifu'." David asked: "What does 'shifu' mean?" Xiaowen said: "We call a person with skills 'shifu'." David said: "You are flattering me. I can solve small problems but have no way to handle big ones."

When David and Xiaowen were still repairing the computer, the cat came running over again. The cat looked as if it knew that it had done something wrong. It was standing behind them, looking at Xiaowen and then at David as if it were asking for forgiveness.

新词语 New Words

1	被	bèi	*prep.*	to be used in a passive sentence to introduce the agent of an action
2	弄	nòng	*v.*	to do (to get sth. or sb. into a specific condition)
3	帮忙	bāng máng		to help
4	脸	liǎn	*n.*	face
5	汗	hàn	*n.*	sweat
6	别提	biétí	*v.p.*	Don't mention it.
7	本来	běnlái	*adv.*	originally
8	出现	chūxiàn	*v.*	to appear
9	老鼠	lǎoshǔ	*n.*	mouse
10	竖	shù	*v.*	to go upright
11	可怕	kěpà	*adj.*	horrible
12	来不及	láibují	*v.p.*	to have no time to get things done
13	台	tái	*m.w.*	measure word (computer, TV set, etc.)
14	碰	pèng	*v.*	to knock, bump into (sb.)
15	倒	dǎo	*v.*	to fall down
16	文件	wénjiàn	*n.*	file
17	脏	zāng	*adj.*	dirty
18	联系	liánxi	*v./n.*	to contact; contact
19	修	xiū	*v.*	to repair, to fix
20	出	chū	*v.*	to appear
21	技术	jìshù	*n.*	technique, skill
22	不管	bùguǎn	*conj.*	regardless
23	花	huā	*v.*	to spend (time)
24	不仅	bùjǐn	*conj.*	not only

25	电视机	diànshìjī	*n.*	TV set
26	洗衣机	xǐyījī	*n.*	washing machine
27	师傅	shīfu	*n.*	master
28	过奖	guòjiǎng	*v.*	to flatter
29	解决	jiějué	*v.*	to solve (problem)
30	原谅	yuánliàng	*v./n.*	to forgive; forgiveness

注释 NOTES

① "别提了": This expression indicates that something is so incredible (often unpleasant) that the details are not talked about.

② 电脑被它弄坏了。"弄坏了" means the damage is done. "弄" refers to actions, which get something or somebody into a specific condition.

③ 我来不及做什么。"来不及" means that there isn't enough time to get things done. E.g. "只有5分钟，我们来不及坐7点的火车了。"(There are only five minutes left and we have no time to catch the train at seven o'clock.) The affirmative structure is "来得及".

语法 Grammar

1. "被"字句 The "被" sentence

(1) "被"字句是被动句的一种，是指用介词"被"引出动作发出者的一种句式。句子的主语是动作的接受者。"被"字句中的动词后面需要表示结果的补语，例如："被弄+坏了" 中的"坏了"。在口语中"被"也常用"让、叫"来代替，但"让"、"叫"后的动作发出者不能省略。
The "被" sentence is one of the sentences which denote passive meaning. "被" is used to introduce an agent of an action. The subject of the sentence is the recipient of the action. The verb in a "被" sentence is followed by complements of result, e.g. "坏了" in the structure "被弄+坏了". "被"can be replaced by"让、叫" in spoken language, but the agent of the action after "让、叫" cannot be omitted.

(2) 如果"被"字句只是强调主语是动作的接受者，而不需要说明动作发出者（或者动作的发出者不太清楚），动作的发出者可以省去。
The agent of the action in "被" sentences can be omitted if the emphasis is on the recipient of the action or the agent doesn't need to be mentioned (or the agent is un known).

(3) 如果句子里需要用否定词或者"会、可能"等词，这些词必须放在"被"的前面（而不是句中动词前)。

When negative words or words such as "会、可能" are needed in the sentence, they must be placed before "被" (not to be placed before the verb in the sentence).

	Subject			agent	verb	words indicating result			
(1)	电脑		被	小猫	弄	坏	了	。	The computer was damaged by the cat.
	自行车		让	小文	弄	坏	了	。	The bike was broken by Xiaowen.
(2)	电脑		被		弄	坏	了	。	The computer was damaged.
	我的书		被		弄	脏	了	。	My book got dirty.
(3)	电脑	没(有)	被	小猫	弄	坏	了	。	The cat didn't damage the computer.
	自行车	可能	被		弄	坏	了	。	The bike may have been damaged by the cat.

2. "不管……,都……"

(1) "不管……,都"用在表示条件关系的复句里。前一分句用"不管"引出各种条件或情况,后一分句说明前面各种条件所得出的结果是相同的。"不管"常用在前一分句句首,"都"用在后一分句的谓语前。

"不管……都" is used in a complex sentence, which indicates conditional relations. "不管" in the previous clause introduces conditions or situations, while the following clause indicates that despite the different conditions mentioned before the result is the same. "不管" usually is placed at the beginning of the previous clause and "都" is placed before the predicative verbs of the following clause.

(2) 前一分句一般要有表示任指的疑问代词,如"谁、什么、哪儿"等;或者有表示程度的副词,如"怎么、多么"等,或者有表示选择的词语,如"有没有、还是"等。In the previous clause, there are usually interrogative pronouns indicating general reference, such as "谁、什么、哪儿" etc. or adverbs indicating degree, such as "怎么、多么" etc., or words indicating alternatives, such as "有没有、还是" etc.

	previous clause				following clause		
(1)	不管	是	谁,		每个人	都	需要电脑。
(2)	不管	在	哪儿,		她	都	会给我打电话。
(3)	不管		什么	东西出了问题,	他	都	能修好。
(4)	不管	天气	多么	冷,	他们	都	要去游泳。
(5)	不管		有没有	空儿,	他	都	去帮忙。
(6)	不管	你去	还是	不去,	我	都	得去。

3. "不仅……,也……"

"不仅……,也……"用在表示递进的复句里,前一分句用"不仅"表示某个范围,后一分句用"也"表示除前句范围外更多的方面。

"不仅……，也……" structure is used in a complex sentence to indicate progressiveness. "不仅……" in the previous clause means "not only (in this aspect)", while "也……" in the following clause means "but also (in other aspects)", apart from what is mentioned in the previous clause.

(1)	他	不仅	会修自行车，	也	会修电视机。
(2)	他	不仅	是好丈夫，	也	是好父亲。

练习 *Exercises*

1. 课文问答练习 Questions and answers on the text

(一)

(1) 小文 的 电脑 被 谁 弄 坏 了？

Xiǎowén de diànnǎo bèi shéi nòng huài le?

(2) 小文 用 电脑 的时候，小猫 在哪儿？

Xiǎowén yòng diànnǎo de shíhou, xiǎomāo zài nǎr?

(3) 小猫 看见 电脑里 出现了什么？

Xiǎomāo kànjiàn diànnǎo li chūxiàn le shénme?

(4) 大卫 会 修 什么 东西？

Dàwèi huì xiū shénme dōngxi?

(5) 小猫 做 了什么？

Xiǎomāo zuò le shénme?

(6) 小 猫 碰 倒了什么？

Xiǎo māo pèng dǎo le shénme?

(7) 小文 的杯子里有 什么？

Xiǎowén de bēizi li yǒu shénme?

(8) 小文 担心 什么？

Xiǎowén dānxīn shénme?

(9) 大卫 开了什么 玩笑？

Dàwèi kāi le shénme wánxiào?

（二）

(1) 小文 的 电脑 坏了，她不能 做 什么？
Xiǎowén de diànnǎo huài le, tā bù néng zuò shénme?

(2) 那台电脑里有 什么？
Nà tái diànnǎo li yǒu shénme?

(3) 大卫喜欢 做 什么事？
Dàwèi xǐhuan zuò shénme shì?

(4) 大卫的技术怎么样？
Dàwèi de jìshù zěnmeyàng?

(5) 小文 的自行车怎么了？
Xiǎowén de zìxíngchē zěnme le?

(6) 谁 修 好了 小文 的自行车？
Shéi xiū hǎo le Xiǎowén de zìxíngchē?

(7) 小文 叫 大卫 什么？ 为 什么？
Xiǎowén jiào Dàwèi shénme? Wèi shénme?

(8) 不管 什么问题，大卫 都有办法吗？
Bùguǎn shénme wèntí, Dàwèi dōu yǒu bànfǎ ma?

(9) 大卫 修 电脑的 时候，小 猫 在 干什么？
Dàwèi xiū diànnǎo de shíhou, xiǎo māo zài gàn shénme?

2. 把下面的句子改成用“被/叫/让”的被动句

Change the following senterces into passive sentences by using “被/叫/让”

E.g. 小猫碰 坏了电脑。→ 电脑被小猫碰坏了。 电脑叫/让小猫碰坏了。

(1) 小文 弄 坏了自行车。 → ________________。
Xiǎowén nòng huài le zìxíngchē.

(2) 小 狗 碰 倒 了杯子。 → ________________。
Xiǎo gǒu pèng dǎo le bēizi.

(3) 邻居弄 坏了电视机。 → ________________。
Línjū nòng huài le diànshìjī.

(4) 妈妈 弄 坏 了洗衣机。 → ______________________________。
Māma nòng huài le xǐyījī.

(5) 弟弟弄 脏 了书。 → ______________________________。
Dìdi nòng zāng le shū.

(6) 他弄 丢了文件 。 → ______________________________。
Tā nòng diū le wénjiàn.

3. 用所给的动词及“被”字句完成下面的对话

Complete the following dialogues by using the given words and “被” sentence

(1) A: 他的自行车怎么了? B: __________________。(弄坏)
Tā de zìxíngchē zěnme le?

(2) A: 他的电脑 怎么了? B: __________________。(弄坏)
Tā de diànnǎo zěnme le?

(3) A: 他的杯子怎么了? B: __________________。(碰倒)
Tā de bēizi zěnme le ?

(4) A: 洗衣机怎么了? B: __________________。(用坏)
Xǐyījī zěnme le?

(5) A: 他的衣服怎么了? B: __________________。(弄脏)
Tā de yīfu zěnme le?

(6) A: 他的手机怎么了? B: __________________。(弄丢)
Tā de shǒujī zěnme le?

4. 用“(不管……,)都……”根据英语完成下面的句子

Complete the following sentences according to English by using “(不管……,) 都……”

(1) 不管是谁, → ______________________________。
Bùguǎn shì shéi, ..., everyone needs a computer.

(2) 不管 电脑 有 什么问题, → ______________________________。
Bùguǎn diànnǎo yǒu shénme wèntí, ..., he can repair it.

(3) 不管 谁 坐飞机, → ______________________________。
Bùguǎn shéi zuò fēijī, ..., must buy a plane ticket.

(4) 不管你说什么，→____________。
Bùguǎn nǐ shuō shénme, ..., he doesn't believe it.

(5) 不管手机多么贵，→____________。
Bùguǎn shǒujī duōme guì, ..., he will buy it .

(6) 不管天气好不好，→____________。
Bùguǎn tiānqì hǎo bu hǎo, ..., he goes out for a walk.

(7) 不管 红茶 还是绿茶，→____________。
Bùguǎn hóngchá háishi lǜchá, ..., he likes both.

(8) 不管啤酒还是葡萄酒，→____________。
Bùguǎn píjiǔ háishi pútaojiǔ, ..., he doesn't like either of them.

5. 用“来不及”或“来得及”完成下面的句子
Complete the following sentences by using “来不及” or “来得及”。

(1) 汉语课两点开始，现在还有一个小时，我们(　　　　　　)。
Hànyǔkè liǎng diǎn kāishǐ, xiànzài hái yǒu yí ge xiǎoshí, wǒmen

(2) 快点儿吧，我们只有10分钟，我担心(　　　　　　)。
Kuài diǎnr ba, wǒmen zhǐ yǒu shí fēnzhōng, wǒ dānxīn

(3) 小猫碰倒了我的杯子，我(　　　　　　)做什么。
Xiǎo māo pèng dǎo le wǒ de bēizi, wǒ zuò shénme.

(4) 电影还有30分钟才开始，我们(　　　　　　)。
Diànyǐng hái yǒu sānshí fēnzhōng cái kāishǐ, wǒmen

(5) 火车马上要开了，我们只有五分钟，(　　　　　　)。
Huǒchē mǎshàng yào kāi le, wǒmen zhǐ yǒu wǔ fēnzhōng,

(6) 飞机十点才起飞，现在才八点，(　　　　　　)。
Fēijī shí diǎn cái qǐfēi, xiànzài cái bā diǎn,

6. 根据句子的意思，画线连接A栏和B栏相应的句子
Match the sentences in Group A with those in Group B according to the meanings

A

(1) 我们 不仅用 电脑 发邮件，
Wǒmen bùjǐn yòng diànnǎo fā yóujiàn,

(2) 他不仅会修洗衣机，
Tā bùjǐn huì xiū xǐyījī,

(3) 他不仅汉字写得很漂亮，
Tā bùjǐn Hànzì xiě de hěn piàoliang,

(4) 他不仅去过北京，
Tā bùjǐn qù guo Běijīng,

(5) 他不仅能解决 小问题，
Tā bùjǐn néng jiějué xiǎo wèntí,

B

a 汉语说 得 也很流利。
Hànyǔ shuō de yě hěn liúlì.

b 也去 过上海 。
yě qù guo Shànghǎi.

c 也用 电脑 上 网。
yě yòng diànnǎo shàng wǎng.

d 也能 解决大问题。
yě néng jiějué dà wèntí.

e 也会修电视机。
yě huì xiū diànshìjī.

7. 用所给的汉字填空
Fill in the blanks with the given Chinese characters

(A)	出	向	被	老	忙	弄	急	跳	上	竖
	chū	xiàng	bèi	lǎo	máng	nòng	jí	tiào	shàng	shù

小猫看见电脑里 1_______现了一只小 2_______鼠，它的耳朵就 3_______起来了，眼睛也变大了，它 4_______起来，很快地 5_______老鼠跑过去。桌子 9_______有一杯茶，杯子 7_______碰倒了。这样，电脑就被 8_______坏了。小文很着 9_______，她马上请大卫来帮 10_______。

(B)	修	叫	好	术	过	决	原	办	坏	机
	xiū	jiào	hǎo	shù	guò	jué	yuán	bàn	huài	jī

大卫常常 1_______家里的东西，他的技 2_______不错。邻居的洗衣 3_______出了问题，他能修 4_______。如果邻居的电脑 5_______了，他也能修好。小文 6_______他“师傅”，大卫说：“7_______奖了。小问题我能解 8_______，大问题我也没 9_______法，只好请你 10_______谅。”

8. 听力练习 Listening comprehension

(1) A 来得及 B 来不及
(2) A 丢了 B 坏了
(3) A 洗衣机 B 洗衣机和电视机
(4) A 小狗 B 衣服
(5) A 打电话 B 上网

9. 课堂活动 Classroom activities

(1) Make dialigues according to the examples.

①

A: 你会修自行车吗?
B: 会,我的技术不错。你呢?
A: 会一点儿,小的问题我能解决,大问题不行。

②

A: 你会修汽车吗?
B: 不会。你呢?
A: 我也不会。汽车坏了,我送去修。

冰箱	电视机	洗衣机	电脑	照相机	自行车	汽车
bīngxiāng	diànshìjī	xǐyījī	diànnǎo	zhàoxiàngjī	zìxíngchē	qìchē

(2) Talk about what you do with computer.

E.g. A: 你在电脑上干什么? B: ……

(上网, 发电子邮件, 听音乐, 和朋友联系,聊天,看新闻, 买飞机票……)
shàngwǎng, fā diànzǐ yóujiàn, tīng yīnyuè, hé péngyou liánxi, liáo tiān, kàn xīnwén,mǎi fēijīpiào...

作业 Homework

1. 用所给的词把下面的句子翻译成汉语
Translate the sentences into Chinese by using the given words

(1) The cup was knocked down by the cat.	碰(倒)
(2) The computer was damaged.	弄(坏)
(3) Can you forgive me?	原谅
(4) Can you solve this problem?	解决
(5) Please contact the teacher.	和……联系

2. 写作练习 (300 汉字) Writing exercise

题目:小文的电脑坏了

Topic: Xiaowen's computer is broken

第9课 Lesson 9

小说 看完了吗？

Xiǎoshuō kàn wán le ma?

Have you finished the novel?

课文 Text

(一)

小文： 那本小说看完了吗？
Xiǎowén Nà běn xiǎoshuō kàn wán le ma?

大卫： 快看完了，还有30页左右。
Dàwèi Kuài kàn wán le, hái yǒu sānshí yè zuǒyòu.

小文： 你觉得怎么样？
Xiǎowén Nǐ juéde zěnmeyàng?

大卫： 我很喜欢。作者是老舍[1]吧？
Dàwèi Wǒ hěn xǐhuan. Zuòzhě shì Lǎoshě ba?

小文： 是的。老舍先生是一位很有名的现代作家。
Xiǎowén Shì de. Lǎoshě xiānsheng shì yí wèi hěn yǒumíng de xiàndài zuòjiā.

大卫： 我也听说过。小说里有一个叫祥子[2]的人，他的故事真让人难过。
Dàwèi Wǒ yě tīngshuō guo. Xiǎoshuō li yǒu yí ge jiào Xiángzi de rén, tā de gùshi zhēn ràng rén nánguò.

小文： 是的。为了买一辆人力车，祥子辛辛苦苦地挣钱。他要有自己的车。
Xiǎowén Shì de. Wèile mǎi yí liàng rénlìchē, Xiángzi xīnxīnkǔkǔ de zhèng qián. Tā yà yǒu zìjǐ de chē.

大卫： 这是很小的愿望啊，可是那么不容易实现。
Dàwèi Zhè shì hěn xiǎo de yuànwàng a, kěshì nàme bù róngyì shíxiàn.

小文：是啊，他好不容易挣了钱，买到一辆车，还来不及高兴呢，车就被抢走了[3]。
Xiǎowén Shì a, tā hǎo bu róngyì zhèng le qián, mǎi dào le yí liàng chē, hái lái bují gāoxìng ne, chē jiù bèi qiǎng zǒu le.

大卫：他的愿望最后也没实现。
Dàwèi Tā de yuànwàng zuìhòu yě méi shíxiàn.

小文：所以，祥子觉得生活没有希望了。
Xiǎowén Suǒyǐ, Xiángzi juéde shēnghuó méiyǒu xīwàng le.

大卫：他的生活太不容易了。
Dàwèi Tā de shēnghuó tài bù róngyì le.

小文：他诚实、善良，可是在那个社会，他生活不下去了。
Xiǎowén Tā chéngshí、shànliáng, kěshì zài nà ge shèhuì, tā shēnghuó bú xiàqù le.

大卫：他太可怜了！他的生活太不幸了。
Dàwèi Tā tài kělián le! Tā de shēnghuó tài búxìng le.

小文：老舍先生也很同情他。
Xiǎowén Lǎoshě xiānsheng yě hěn tóngqíng tā.

大卫：对啊。我越来越喜欢老舍的作品了。
Dàwèi Duì a. Wǒ yuèláiyuè xǐhuan Lǎoshě de zuòpǐn le.

小文：你还可以多看一些他的作品。老舍写了很多小说。
Xiǎowén Nǐ hái kěyǐ duō kàn yìxiē tā de zuòpǐn. Lǎoshě xiě le hěn duō xiǎoshuō.

大卫：你再给我介绍一些好作品吧！我想多了解一些。
Dàwèi Nǐ zài gěi wǒ jièshào yìxiē hǎo zuòpǐn ba! Wǒ xiǎng duō liǎojiě yìxiē.

(二)

祥子是老舍先生小说里的一个人，他本来生活在农村，又诚实又善良。后来他来到北京城里，辛辛苦苦地挣钱，想买一辆人力车，拉自己的车挣钱。三
Xiángzi shì Lǎoshě xiānsheng xiǎoshuō li de yí ge rén, tā běnlái shēnghuó zài nóngcūn, yòu chéngshí yòu shànliáng. Hòulái tā lái dào Běijīng chéng lǐ, xīnxīnkǔkǔ de zhèng qián, xiǎng mǎi yí liàng rénlìchē, lā zìjǐ de chē zhèng qián. Sān

年后，钱挣够了，他终于买到了第一辆车，他非常高兴。可
nián hòu, qián zhèng gòu le, tā zhōngyú mǎi dào le dì yī liàng chē, tā fēicháng gāoxìng. Kě

是，当时社会很乱，他的车被一群兵抢走了。他很难
shì, dāngshí shèhuì hěn luàn, Tā de chē bèi yì qún bīng qiǎng zǒu le. Tā hěn nán

过。但是为了再买一辆车，他还是继续努力挣钱。他又工
guò. Dànshì wèile zài mǎi yí liàng chē, tā háishì jìxù nǔlì zhèng qián. Tā yòu gōng

作了很长时间后，买车的钱差不多够了，可是，还没来得
zuò le hěn cháng shíjiān hòu, mǎi chē de qián chàbuduō gòu le, kěshì, hái méi lái de

及买车，他的钱就被骗走了。
jí mǎi chē, tā de qián jiù bèi piàn zǒu le.

后来，在爱情上④，他也被一个女人骗了，虽然他不爱
Hòulái, zài àiqíng shang, tā yě bèi yí ge nǚrén piàn le, suīrán tā bú ài

那个女人，可是不得不⑤和她结婚。祥子用那个女人的钱买
nà ge nǚrén, kěshì bù dé bù hé tā jié hūn. Xiángzi yòng nà ge nǚrén de qián mǎi

了车，可是心里并不快乐。没过多长时间，那个女人死了，
le chē, kěshì xīn li bìng bú kuàilè. Méi guò duō cháng shíjiān, nà ge nǚrén sǐ le,

那辆车也不得不卖了。最后，祥子对生活完全没有
nà liàng chē yě bù dé bù mài le. Zuìhòu, Xiángzi duì shēng huó wánquán méiyǒu

信心了，他一点儿也不想努力工作了。
xìnxīn le, tā yìdiǎnr yě bù xiǎng nǔlì gōngzuò le.

(1)

Xiaowen: Have you finished reading the novel?
David: Almost, there are still about thirty pages left.
Xiaowen: What do you think of the novel?
David: I like it very much. The writer is Laoshe, isn't it?
Xiaowen: Yes. Mr. Laoshe is a well-known modern writer.
David: I've heard about him. In the novel there was a man called Xiangzi and the story about him is really sad.
Xiaowen: Yes. Xiangzi worked hard to earn money just wanted to buy a rickshaw so as to own one by himself.
David: It is such a small wish but it is so hard to be realized.
Xiaowen: Oh yes. He earned some money with great effort and bought a rickshaw, but it was lotted before he even had time to feel happy about it.

David: In the end, his wish was not realized.
Xiaowen: Therefore, Xiangzi felt that life was hopeless.
David: To him, life was really hard.
Xiaowen: He was honest and kind but he couldn't make a living in that society.
David: He was such a poor man! His life was so unfortunate!
Xiaowen: Mr. Laoshe is very sympathetic about him.
David: Oh yes. I am getting more and more keen on Laoshe's works.
Xiaowen: You can read more of his works. Laoshe has written many novels.
David: Could you recommend more good books to me? I want to know more about them.

(2)

Xiangzi is a man in one of Laoshe's novels. Originally he lived in the countryside and he was honest and kind. Later he came to the city of Beijing. He worked hard wishing to buy a rickshaw and make a living on his own rickshaw. After three years he earned enough money and finally bought the first rickshaw. He was very happy. However, at that time the social situation was in chaos. His rickshaw was looted by a group of soldiers. He was very sad but continued to work hard to earn money believing that he could buy another rickshaw. After working for a long time, he had almost enough money to buy a rickshaw. But he was cheated out of the money before he had time to do it.

Later in his love affairs he was cheated by a woman. Although he didn't love the woman, he had to marry her. Xiangzi bought a rickshaw with that woman's money but he was not happy. Before long the woman died and the rickshaw had to be sold. In the end, Xiangzi lost confidence for life totally and he didn't want to work hard at all.

新词语 *New Words*

1	小说	xiǎoshuō	*n.*	novel
2	页	yè	*n.*	page
3	作者	zuòzhě	*n.*	writer/author of a book
	者	zhě	*n.*	person (of an action)

4	现代	xiàndài	*n.*	modern time
5	作家	zuòjiā	*n.*	writer, author
	家	jiā	*n.*	master (of profession)
6	难过	nánguò	*adj.*	sad
7	为了	wèile	*prep.*	in order to
8	人力车	rénlìchē	*n.*	rickshaw, two-wheeled vehicle drawn by man
	人力	rénlì	*n.*	man power
9	辛苦	xīnkǔ	*adj.*	hard (work, life)
10	挣钱	zhèng qián		to earn money
11	愿望	yuànwàng	*n.*	wish
12	实现	shíxiàn	*v.*	to realize
13	抢	qiǎng	*v.*	to loot, to take away by force
14	诚实	chéngshí	*adj.*	honest
15	善良	shànliáng	*adj.*	kind
16	社会	shèhuì	*n.*	society
17	可怜	kělián	*adj./ v.*	poor; to feel pitiful for someone
18	不幸	búxìng	*adj.*	unfortunate
19	同情	tóngqíng	*v.*	to show sympathy
20	作品	zuòpǐn	*n.*	works (book, painting, music, etc.)
21	了解	liǎojiě	*v.*	to know about
22	拉	lā	*v.*	to pull
23	当时	dāngshí	*n.*	at that time
24	乱	luàn	*adj.*	in disorder/chaos
25	群	qún	*m.w.*	a group of
26	兵	bīng	*n.*	soldier
27	继续	jìxù	*v.*	to continue
28	骗	piàn	*v.*	to cheat

29	爱情	àiqíng	*n.*	love
30	结婚	jié hūn		to marry
31	完全	wánquán	*adv.*	totally
32	信心	xìnxīn	*n.*	confidence

注释 NOTES

① 老舍: Laoshe is a well-known contemporary writer in China.
② 祥子: Xiangzi is the main character in Laoshe's novel *Camel Xiangzi*.
③ 抢走了： to take away by force
④ 在爱情上 : in the aspect of love affairs
⑤ 不得不： to have to do something

语法 Grammar

1. 无标志被动句 The unmarked passive sentence

无标志被动句也是一种被动句，有如下特点：
The unmarked passive sentence has the following features:

(1) 位于句子主语位置的是句中动词的宾语，是确指的，大多是表事物的词，本身一般不能发出动作，也可看作是句子的主题。
Words at the subject position of the sentence are the verbs' objects, which are specifically defined. Most of them are nouns indicating things and objects, which cannot generate any actions and can be regarded as topics of the sentence.

(2) 句中没有介词"被"以及动作发出者，不需要说明动作发出者。
There is no "被" and no agent of actions in the sentence. It is unnecessary to mention the agent.

(3) 这样的句子也可以表达动作接受者的状态。
This type of sentence also indicates the situation of the recipient of action.

recipients of action	v.	words indicating results	
(1) 那本小说	看	完了。	The novel was finished.
(2) 车不得不	卖	了。	The car had to be sold.
(3) 钱	挣	够了。	Enough money was earned.
(4) 愿望没有	实现	。	The wish was not realized.
(5) 门	打	开了	The door was opened.
(6) 蛋糕	做	好了。	The cake was baked.

2. 离合动词 Verbs with embedded verb–object structure

离合动词是汉语的一种特殊的双音节动词。其特点如下：

Verbs with embedded verb-object structure are unique disyllabic verbs, which have the following features:

(1) 多为V+O结构，例如"上课、见面"等。

It often consists of a verb and an object, e.g. "上课、见面".

(2) 在运用时，两个音节可以分开，中间可以加进一些别的成分。如"见了面"。

Other elements can be inserted between the two syllables of the verb, e.g."见了面".

	合 as one verb:		离 to be separated:			
(1)	祥子不得不	结婚。	他	结	过三次	婚。
(2)	他辛辛苦苦地	挣钱。	他辛辛苦苦地	挣	了很多	钱。
(3)	他常常来	帮忙。	他常常来	帮	我	忙。
(4)	我们常常	见面。	我们昨天	见	了三	面。
(5)	李老师给我们	上课。	李老师给我们	上	三次	课。
(6)	她没有	游泳。	她没有	游	过	泳。
(7)	她想	睡觉。	她	睡	了一个小时	觉。
(8)	她想	散步。	她	散	了一个小时	步。

(3) 离合词一般不能再加宾语，其动作的接受者要用介词或其他方法引出。

It usually cannot take objects. If the action takes a recipient, it needs to be introduced by prepositions or other words.

(1)	祥子不得不	结婚。	祥子不得不	和她	结婚。
(2)	我们常常	见面。	我常常	跟朋友	见面。

3. "为了"

用在复句中的前一分句中，表示目的，后一分句说明要实现目的应该采取的行动。

"为了" in the previous clause of a complex sentence indicates a purpose, while the following clause indicates the action taken to achieve the target.

(1)	为了	买车，他辛辛苦苦地挣钱。	In order to buy a car, he worked hard to earn money.
(2)	为了	给妻子看病，他不得不卖了车。	In order to pay medical treatment for his wife, he had to sell his car.

4. "再"和"又" "再" and "又"

"再"和"又"作为副词表示重复的意思时，"再"后面的动词表示未发生的动作，而

"又"后面的动词表示已发生的动作。它们的用法总结如下：

As adverbs, both "再" and "又" indicate repetition. However, verbs after "再" indicate future actions while verbs after "又" indicate actions which have already happened. The usage of the two words are summarized as the following:

"再"：

(1) "再+V"可以表示这个动作将要重复。
"再+V" indicates that the action is to be repeated in the future.

(2) "再+V"也表示这个动作的顺序在后。
"再+V" indicates that the action takes place later in the sequence.

(1)	他的车丢了，他想	再	买一辆车。	His car got lost and he wants to buy another one.
(2)	他先喝茶	再	吃面包。	First he drinks tea and then he eats bread.

又：

(1) 表示动作已经重复了。 It indicates that an action has been repeated already.
(2) 表示同时存在的情况。It indicates the coexistent situations.
(3) 表示补充的动作。 It indicates supplementary actions.

(1)	第一辆车丢了，第二辆	又	丢了。	The first car got lost so did the second one.
(2)	他	又	诚实，又善良。	He is both honest and kind.
(3)	他修好了电脑，	又	修好了洗衣机。	He repaired the computer as well as the washing machine.

练习 Exercises

1. 课文问答练习 Questions and answers on the text

(一)

(1) 大卫的那本 小说 看 完了吗？
Dàwèi de nà běn xiǎoshuō kàn wán le ma?

(2) 那本 小说 的作者是谁？
Nà běn xiǎoshuō de zuòzhě shì shéi?

(3) 老舍 是什么 人？
Lǎoshě shì shénme rén?

(4) 祥子是谁？
Xiángzi shì shéi?

(5) 祥子 为 什么 辛辛苦苦 地挣 钱?
Xiángzi wèi shénme xīnxīnkǔkǔ de zhèng qián?

(6) 祥子 的 愿望 是什么?
Xiángzi de yuànwàng shì shénme?

(7) 祥子 的 愿望 实现了吗?
Xiángzi de yuànwàng shíxiàn le ma?

(8) 祥子 是个 什么样 的人?
Xiángzi shì ge shénmeyàng de rén?

(9) 祥子 的 生活 怎么样?
Xiángzi de shēnghuó zěnmeyàng?

(10) 大卫喜欢 老舍 的 小说 吗?
Dàwèi xǐhuan Lǎoshě de xiǎoshuō ma?

(二)

(1) 祥子 本来 生活 在哪里? 后来呢?
Xiángzi běnlái shēnghuó zài nǎlǐ? Hòulái ne?

(2) 祥子 为 什么 辛辛苦苦地 挣 钱?
Xiángzi wèi shénme xīnxīnkǔkǔ de zhèng qián?

(3) 祥子 工作 了 几年 才 买 到 第一辆 车?
Xiángzi gōngzuò le jǐ nián cái mǎi dào dì yī liàng chē?

(4) 他的第一辆 车 被 谁 抢走 了?
Tā de dì yī liàng chē bèi shéi qiǎng zǒu le?

(5) 祥子第二次想 买 车,买到了吗?
Xiángzi dì èr cì xiǎng mǎi chē, mǎi dào le ma?

(6) 祥子 买 车 的钱呢?
Xiángzi mǎi chē de qián ne?

(7) 祥子 在 爱情 上 怎么样?
Xiángzi zài àiqíng shang zěnmeyàng?

(8) 祥子结了婚,他快乐吗?
Xiángzi jié le hūn, tā kuàilè ma?

(9) 祥子 结 婚 后 买了车,他是用自己的钱 买 的吗?
Xiángzi jié hūn hòu mǎi le chē, tā shì yòng zìjǐ de qián mǎi de ma ?

(10) 祥子 最后 怎么样了?
Xiángzi zuìhòu zěnmeyàng le?

2. 根据例句完成下面的对话（用无标志被动句）
Complete the following dialogues according to the example (Use the unmarked passive sentence)

> E.g. A: 那个邮件呢？
> B: 邮件发出去了。 (发出去)

(1) A：你的手机呢？ B: ________。(弄坏)
Nǐ de shǒujī ne?

(2) A: 你的词典呢？ B: ________。(弄丢)
Nǐ de cídiǎn ne?

(3) A: 你的鞋子怎么了？ B: ________。(弄脏)
Nǐ de xiézi zěnme le?

(4) A: 书看完了吗？ B: ________。(看完)
Shū kàn wán le ma?

(5) A: 飞机票买到了吗？ B: ________。(买到)
Fēijīpiào mǎi dào le ma?

(6) A: 电视打开了吗？ B: ________。(打开)
Diànshì dǎ kāi le ma？

(7) A: 作业写完了吗？ B: ________。(写完)
Zuòye xiě wán le ma?

(8) A: 电脑修好了吗？ B: ________。(修好)
Diànnǎo xiū hǎo le ma?

3. 下面句子中的画线部分，哪些可以省略？
Which of the underlined parts in the following sentences can be omitted?

(1) 自行车被人弄坏了。
Zìxíngchē bèi rén nòng huài le.

(2) 他被那个女人骗了。
Tā bèi nà ge nǚrén piàn le.

(3) 茶被人喝完了。
Chá bèi rén hē wán le.

(4) 洗衣机被人弄 坏 了。
Xǐyījī bèi rén nòng huài le.

(5) 书 被人 弄 脏 了。
Shū bèi rén nòng zāng le.

(6) 文件 被人 弄 丢 了。
Wénjiàn bèi rén nòng diū le.

(7) 他的汽车被他 卖 了。
Tā de qìchē bèi tā mài le.

(8) 他的房子被银行 卖 了。
Tā de fángzi bèi yínháng mài le.

4. 根据例句改写下面的句子
Rewrite the sentences according to the example

E.g. 去年我游泳了，游了六次。—— 去年我游了六次泳。

(1) 昨天 我们 见面 了，见了一个小时。 ____________。
Zuótiān wǒmen jiàn miàn le, jiàn le yí ge xiǎoshí.

(2) 昨天 晚上 我 睡觉了，只睡了 三个小时。 ____________。
Zuótiān wǎnshang wǒ shuì jiào le, zhǐ shuì le sān ge xiǎoshí.

(3) 我唱歌了，唱 了三个 中国 民歌。 ____________。
Wǒ chàng gē le, chàng le sān ge Zhōngguó míngē.

(4) 今天我们 上课 了，上 了四个小时。 ____________。
Jīntiān wǒmen shàng kè le , shàng le sì ge xiǎoshí.

(5) 他们 游 泳 了，游了两个小时。 ____________。
Tāmen yóu yǒng le, yóu le liǎng ge xiǎoshí.

(6) 祥子 辛辛苦苦 地 挣钱， 挣 了 三年。 ____________。
Xiángzi xīnxīnkǔkǔ de zhèng qián, zhèng le sān nián.

5. 用"再"或"又"填空 Fill in the blanks with "再" or "又"

(1) 第一辆 车 丢了，他想______买一辆。
Dì yī liàng chē diū le, tā xiǎng mǎi yí liàng.

(2) 我们 先 学习新词语，______学习课文。
Wǒmen xiān xuéxí xīn cíyǔ, xuéxí kèwén.

(3) 他的第二辆 车______被人 抢 走了。
Tā de dì èr liàng chē bèi rén qiǎng zǒu le.

(4) 孩子们______诚实______善良。
Háizimen chéngshí shànliáng.

(5) 他昨天修好了电脑，______修 好了 自行车。
Tā zuótiān xiū hǎo le diànnǎo, xiū hǎo le zìxíngchē.

(6) 现在他不在办公室，我们 过一会儿______来。
Xiànzài tā bú zài bàngōngshì, wǒmen guò yíhuìr lái.

(7) 我 没听 清楚，请你______说一遍。
Wǒ méi tīng qīngchu, qǐng nǐ shuō yí biàn.

(8) 学生 没 听 清楚，老师______说了一遍。
Xuésheng méi tīng qīngchu, lǎoshī shuō le yí biàn.

6. 根据句子的意思，画线连接A栏和B栏相应的句子
Match the sentences in Group A with those in Group B according to the meaning

A		B
(1) 为了买一辆新汽车， Wèile mǎi yí liàng xīn qìchē,	a	他买了一个手机。 Tā mǎi le yí ge shǒujī.
(2) 为了学习汉语， Wèile xuéxí Hànyǔ,	b	他从 农村 来 到了 北京 城里。 tā cóng nóngcūn lái dào le Běijīng chéng lǐ.
(3) 为了和那个女人结婚， Wèile hé nà ge nǚrén jié hūn,	c	她打算 去 中国。 tā dǎsuàn qù Zhōngguó.
(4) 为了找工作， Wèile zhǎo gōngzuò,	d	他辛辛苦苦地挣钱。 tā xīnxīnkǔkǔ de zhèng qián.
(5) 为了和朋友联系， Wèile hé péngyou liánxi,	e	他不得不买一个大房子。 tā bù dé bù mǎi yí ge dà fángzi.

7. 用所给的汉字填空
Fill in the blanks with the given Chinese characters

(A)	北	说	现	地	名	幸	事	品	愿	辆
	běi	shuō	xiàn	de	míng	xìng	shì	pǐn	yuàn	liàng

老舍是1______京人，是一个有2______的作家，写了很多小3______。大卫读了他的作4______，是祥子的故5______，他觉得祥子很不6______。祥子辛辛苦苦7______挣钱，只想买一8______人力车。可是他的9______望最后没有实10______。

(B)	实	于	当	被	乱	挣	买	结	妻	不
	shí	yú	dāng	bèi	luàn	zhèng	mǎi	jié	qī	bù

祥子是个善良、诚1______的人，他的愿望是2______一辆人力车，拉自己的车3______钱。三年后，他终4______买到了车。可是，5______时的社会很6______，他的人力车7______兵抢走了。后来他8______了婚，买了车。不久9______子死了，家没了，他10______得不卖了人力车。

8. 听力练习 Listening exercise

(1) A 看完了　　B 快看完了

(2) A 钱　　B 车

(3) A 农村　　B 城里

(4) A 打算结婚　　B 不打算结婚

(5) A 想努力　　B 不想努力了

9. 课堂活动　Classroom comprehension

(1) Talk about the writer of the novel and the story of Xiangzi.

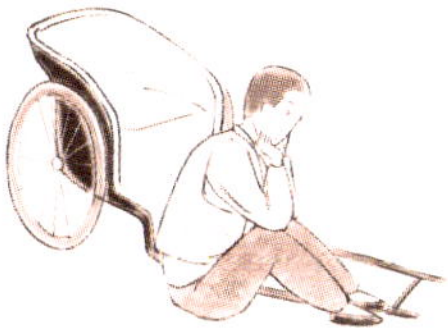

(2) Talk about a writer you like.

作业　*Homework*

1. 用所给的词把下面的句子翻译成汉语
Translate the sentences into Chinese by using the given words

(1) He is an honest person.　诚实

(2) He worked hard and earned a lot of money.　挣钱

(3) At first I wanted to get married, but now I don't.　本来

(4) In order to contact his friends, he bought a mobile phone.　为了

(5) I felt uncomfortable and I had to take some medicine.　不得不

2. 写作练习 (300 汉字)　Writing exercise

题目：祥子的故事

Topic: The story of Xiangzi

第10课 Lesson 10

把鸡蛋放在锅里

Bǎ jīdàn fàng zài guō li

Put the egg in the pan

课文 Text

(一)

马可：小文，教我做一个中国菜，好吗？
Mǎkě Xiǎowén, jiāo wǒ zuò yí ge Zhōngguócài, hǎo ma?

小文：好，我教你做西红柿炒鸡蛋。你有鸡蛋吗？
Xiǎowén Hǎo, wǒ jiāo nǐ zuò xīhóngshì chǎo jīdàn. Nǐ yǒu jīdàn ma?

马可：有，在冰箱里，两个够吗？
Mǎkě Yǒu, zài bīngxiāng li, liǎng ge gòu ma?

小文：够了。你把鸡蛋拿出来，打在碗里，用筷子好好儿打一打。
Xiǎowén Gòu le. Nǐ bǎ jīdàn ná chulai, dǎ zài wǎn li, yòng kuàizi hǎohāor dǎ yi dǎ.

马可：鸡蛋准备好了。我切一些西红柿吧，切几个？
Mǎkě Jīdàn zhǔnbèi hǎo le. Wǒ qiē yìxiē xīhóngshì ba, qiē jǐ ge?

小文：切两个吧，要是你喜欢吃西红柿，也可以切三个。
Xiǎowén Qiē liǎng ge ba, yàoshì nǐ xǐhuan chī xīhóngshì, yě kěyǐ qiē sān ge.

马可：我喜欢吃西红柿。三个西红柿切好了，现在就炒吗？
Mǎkě Wǒ xǐhuan chī xīhóngshì. Sān ge xīhóngshì qiē hǎo le, xiànzài jiù chǎo ma?

小文：还不行。做这个菜的顺序是先炒鸡蛋，然后炒西红柿。
Xiǎowén Hái bù xíng. Zuò zhè ge cài de shùnxù shì xiān chǎo jīdàn, ránhòu chǎo xīhóngshì.

马可：我知道了。这是锅。
Mǎkě　Wǒ zhīdao le. Zhè shì guō.

小文：好。把锅放在火上，锅热了，再把油倒进锅里，
Xiǎowén　Hǎo. Bǎ guō fàng zài huǒ shang, guō rè le, zài bǎ yóu dào jìn guō li,

油热了，就把鸡蛋倒进去。
yóu rè le, jiù bǎ jīdàn dào jinqu.

马可：好的。然后呢？
Mǎkě　Hǎo de. Ránhòu ne?

小文：炒一炒，鸡蛋变黄了，就可以把鸡蛋倒出来了。
Xiǎowén　Chǎo yi chǎo, jīdàn biàn huáng le, jiù kěyǐ bǎ jīdàn dào chulai le.

马可：鸡蛋倒出来了。现在把西红柿放在锅里吗？
Mǎkě　Jīdàn dào chūlái le. Xiànzài bǎ xīhóngshì fàng zài guō li ma?

小文：对，炒一下西红柿，然后再把鸡蛋放在锅里，和
Xiǎowén　Duì, chǎo yixià xīhóngshì, ránhòu zài bǎ jīdàn fàng zài guō li, hé

西红柿一起炒。
xīhóngshì yìqǐ chǎo.

马可：做好了，看起来真不错，
Mǎkě　Zuò hǎo le, kàn qilai zhēn búcuò,

我尝一尝。
wǒ cháng yi cháng.

小文：好吃吗？
Xiǎowén　Hǎochī ma?

马可：还可以，不过，我觉得味道不太正常。
Mǎkě　Hái kěyǐ, búguò, wǒ juéde wèidao bú tài zhèngcháng.

小文：怎么了？我尝尝，哎呀，忘记放盐了。
Xiǎowén　Zěnme le? Wǒ cháng cháng, āiyā, wàngjì fàng yán le.

马可：我来放一点儿盐。现在味道不错。好，现在我教你做一个菜。
Mǎkě Wǒ lái fàng yìdiǎnr yán. Xiànzài wèidao búcuò. Hǎo, xiànzài wǒ jiāo nǐ zuò yí ge cài.

(二)

一个朋友邀请马可参加一个聚会：大家一起吃饭，每个人都带一个菜。马可做了一个中国菜，想让朋友们尝一尝。他把菜放在饭盒里，骑着自行车，高高兴兴地来到朋友的家。
Yí ge péngyou yāoqǐng Mǎkě cānjiā yí ge jùhuì: dàjiā yìqǐ chī fàn, měi ge rén dōu dài yí ge cài. Mǎkě zuò le yí ge Zhōngguócài, xiǎng ràng péngyoumen cháng yi cháng. Tā bǎ cài fàng zài fànhé li, qí zhe zìxíngchē, gāogāoxìngxìng de lái dào péngyou de jiā.

聚会开始了，大家都把自己的"作品"拿出来，放在一个大桌子上。这真是一个国际宴会，屋子里坐着许多人，桌子上放着各种各样的菜，有意大利的比萨饼，有日本的寿司，还有法国的牛排。有的咸，有的辣，有的酸，还有的竟然有点儿苦。大家一边吃，一边交流做菜的方法，很热闹。
Jùhuì kāishǐ le, dàjiā dōu bǎ zìjǐ de "zuòpǐn" ná chulai, fàng zài yí ge dà zhuōzi shang. Zhè zhēn shì yí ge guójì yànhuì, wūzi li zuò zhe xǔduō rén, zhuōzi shang fàng zhe gèzhǒng-gèyàng de cài, yǒu Yìdàlì de bǐsā bǐng, yǒu Rìběn de shòusī, hái yǒu Fǎguó de niúpái. Yǒude xián, yǒude là, yǒu de suān, hái yǒude jìngrán yǒudiǎnr kǔ. Dàjiā yìbiān chī, yìbiān jiāoliú zuò cài de fāngfǎ, hěn rènao.

马可说："我做的西红柿炒鸡蛋，又简单又好看。它的特点是，不仅好吃，而且有营养。"他向大家介绍怎么做这个菜：先把鸡蛋打在碗里，用筷子好好儿打一打，然后
Mǎkě shuō: "Wǒ zuò de xīhóngshì chǎo jīdàn, yòu jiǎndān yòu hǎokàn. Tā de tèdiǎn shì, bùjǐn hǎochī, érqiě yǒu yíngyǎng." Tā xiàng dàjiā jièshào zěnme zuò zhè ge cài: xiān bǎ jīdàn dǎ zài wǎn li, yòng kuàizi hǎohāor dǎ yi dǎ, ránhòu

倒在热锅里，炒好了就倒出来，然后把西红柿也放在锅里
dào zài rè guō li, chǎo hǎo le jiù dào chulai, ránhòu bǎ xīhóngshì yě fàng zài guō li

炒……最后，一定不要忘记 放盐。
chǎo .... Zuìhòu, yídìng bú yào wàngjì fàng yán.

(1)

Mark: Xiaowen, can you teach me how to make a dish?

Xiaowen: All right. I'll teach you how to scramble eggs with tomatoes. Do you have eggs?

Mark: Yes, I have, in the refrigerator. Are two eggs enough?

Xiaowen: Yes. Take out the eggs and beat them in a bowl with chopsticks.

Mark: Now the eggs are ready. Let me chop the tomatoes. How many?

Xiaowen: You may chop two, but three are fine if you like tomatoes.

Mark: I like tomatoes. Now, three tomatoes are chopped. Shall we start now?

Xiaowen: Not yet. The order of making this dish is to scramble eggs first and then tomatoes.

Mark: Now I see. Here is the pan.

Xiaowen: Now put the pan on the fire, pour some cooking oil into the pan to get it heated. When the oil is hot, pour the beaten eggs in the pan.

Mark: Ok and then?

Xiaowen: Scramble the eggs until they turn yellow and then take them out of the pan.

Mark: Now the eggs are taken out. Shall we put the tomatoes in the pan?

Xiaowen: Yes, scramble the tomatoes and then put the eggs back to the pan and scramble them together.

Mark: Now, it is ready. It looks really nice. Let me have a taste.

Xiaowen: Is it delicious?

Mark: Well, it's ok, but I think it tastes a bit abnormal.

Xiaowen: What? Let me have a taste. Oh, we forgot to put salt.

Mark: Let me put a bit salt in it. Now, it tastes quite good. Well now, I'll teach you how to do a dish.

(2)

A friend of Mark invited him to a party. They would eat together but each one would bring a dish along. Mark made a Chinese dish and he wanted his friend to have a taste. He put the dish into his lunchbox and then rode on his bike and got happily to his friend's house.

The party started. They all took out their "works" and put them on a big table. That was really an international banquet. Many people were sitting in the room and the table was covered with different kinds of dishes varing from Italian Pizza and Japanese sushi to French steak. Some dishes tasted salty, some spicy, some sour and some even tasted unexpectedly bitter. They were eating while exchanging cooking recipes. It was very lively.

Mark said: "I made scrambled eggs with tomatoes. It is simple and looks nice. The characteristic of the dish is that it is not only delicious but also nutritious." He told them how to make the dish: First, beat eggs in a bowl with chopsticks and then pour the eggs into a heated pan. Take the eggs out when they are ready. Then put the tomatoes in the pan to fry them and .... Finally, remember that don't forget to put salt.

新词语 *New Words*

1	把	bǎ	*prep.*	to be used to introduce an object of a verb in "把" sentences
2	锅	guō	*n.*	pan, pot
3	炒	chǎo	*v.*	to scramble, to fry
4	打	dǎ	*v.*	to beat (egg)
5	切	qiē	*v.*	to chop, to cut
6	顺序	shùnxù	*n.*	order (of processing)
7	然后	ránhòu	*adv.*	then
8	油	yóu	*n.*	oil (for cooking, cars, ...)
9	倒	dào	*v.*	to pour
10	正常	zhèngcháng	*adj.*	normal

11	哎呀	āiyā	*int.*	interjection to indicate surprise, complaints, impatience, pity, etc.
12	盐	yán	*n.*	salt
13	邀请	yāoqǐng	*v.*	to invite
14	聚会	jùhuì	*v./n.*	to get together; party
15	饭盒	fànhé	*n.*	lunch box
16	国际	guójì	*adj.*	international
17	宴会	yànhuì	*n.*	banquet
18	意大利	Yìdàlì	*p.n.*	Italy
19	比萨饼	bǐsàbǐng	*n.*	Pizza
20	日本	Rìběn	*p.n.*	Japan
21	寿司	shòusī	*n.*	sushi
22	牛排	niúpái	*n.*	steak
23	咸	xián	*adj.*	salty
24	辣	là	*adj.*	(of taste) hot
25	酸	suān	*adj.*	sour
26	竟然	jìngrán	*adv.*	unexpectedly
27	苦	kǔ	*adj.*	bitter
28	特点	tèdiǎn	*n.*	characteristic, feature
29	营养	yíngyǎng	*n.*	nutrition

语法 Grammar

1. "把"字句（一） The "把" sentence (1)

（1）"把"字句表示用某个动作对某种事物进行处置，说明该事物在动作影响下出现某种结果，例如位置被改变，性质状态被改变，等等。

The "把" sentence indicates that some actions are taken to make things disposed and it indicates that when something is influenced by the action of the verb, certain results appear. For example, a location is changed or the nature and shape of an object is changed, etc.

(2) “把”字句的结构是：S (动作发出者) + 把+O (动作接受者)+ V(动词)+ 其他成分。

The structure of “把”sentence: S(agent of action) +把+O (recipient of action)+ V+ other elements.

S		O	V	words indicating results (change of location)	
你	把	鸡蛋	倒	出来。	Take the egg from the fridge.
(我)	把	鸡蛋	倒	进去。	I'll pour the egg into it.
我们	把	锅	放	在火上。	We put the pan on the fire.
(我们)	把	油	倒	在锅里。	We pour the cooking oil into the pan.
(我们)	把	西红柿	放	在锅里。	We put the tomato into the pan.

2. 存现句(二) Sentences of existence (2)

存现句是表示人或事物存在和位置的句子，第一册第九课出现过存现句(一)，如：“卧室在客厅左边”。这里讲的是另一种常见的存现句，也表示人或事物的存在，如：“桌子上放着各种各样的菜。”这类句子的描写性比较强。

See Chapter 9 of Book 1 for Sentence of existence (1), which indicates location or existence of people and things, e.g. “卧室在客厅左边”. There is another commonly used sentence structure, which also indicates existence of people and things, e.g. “桌子上放着各种各样的菜.” This sentence structure has strong descriptive effect.

(1) 句子的主语是表示地点、方位的名词，这些名词前一般没有“在”、“从”等 介词。

Words indicating place or location are at the beginning of the sentence and usually they are not preceded by prepositions such as “在”、“从”, etc.

(2) 句中动词后有“着”，构成“V +着”格式(句中动词前不能有“正在”)；句子的宾语前常有数量词语或别的修饰词语。

In the sentence, the verb is followed by “着” to form a “V+着” structure (without “正在” before the verb). Usually there are numeral-measure words or other modifiers before the objects.

(3) 否定形式是“没有+ V+着”。 The negative form is “没(有)+V+着”.

words indicating locations		V+着	modifiers+O	
(1) 屋子里		坐着	十几个人。	There are about ten people sitting in the room.
(2) 桌子上		放着	各种各样的菜。	There are all kinds of dishes on the table.
(3) 冰箱	没	放着	鸡蛋。	There are no eggs (stored) in the refrigerator.

练习 Exercises

1. 课文问答练习 Questions and answers on the text

(一)

(1) 小文 教 马可 做 什么 菜?
Xiǎowén jiāo Mǎkě zuò shénme cài?

(2) 马可有鸡蛋吗? 在哪里?
Mǎkě yǒu jīdàn ma? Zài nǎli?

(3) 马可把鸡蛋打在哪儿?
Mǎkě bǎ jīdàn dǎ zài nǎr?

(4) 马可切了几个西红柿?
Mǎkě qiē le jǐ ge xīhóngshì?

(5) 做 这个菜的顺序是 什么?
Zuò zhè ge cài de shùnxù shì shénme?

(6) 马可把锅 放 在哪儿?
Mǎkě bǎ guō fàng zài nǎr?

(7) 马可把油 倒 在哪儿?
Mǎkě bǎ yóu dào zài nǎr?

(8) 马可把西红柿 放在哪儿?
Mǎkě bǎ xīhóngshì fàng zài nǎr?

(9) 菜 做好了,看 上去 怎么样?
Cài zuò hǎo le, kàn shangqu zěnmeyàng?

(10) 为 什么 味道 不太 正常?
Wèi shénme wèidao bú tài zhèngcháng?

(二)

(1) 朋友 邀请马可做 什么?
Péngyou yāoqǐng Mǎkě zuò shénme?

(2) 大家一起吃饭,每 个人要 带 什么?
Dàjiā yìqǐ chīfàn, měi ge rén yào dài shénme?

(3) 聚会开始了,大家把 什么拿出来?
Jùhuì kāishǐ le, dàjiā bǎ shénme ná chulai?

(4) 为什么说，这是一个国际宴会？
Wèi shénme shuō, zhè shì yí ge guójì yànhuì?

(5) 这些菜的味道怎么样？
Zhèxiē cài de wèidao zěnmeyàng?

(6) 大家一边吃，一边做什么？
Dàjiā yìbiān chī, yìbiān zuò shénme?

(7) 马可做了什么菜？
Mǎkě zuò le shénme cài?

(8) 马可做的菜怎么样？
Mǎkě zuò de cài zěnmeyàng?

(9) 这个菜有什么特点？
Zhè ge cài yǒu shénme tèdiǎn?

(10) 这个菜怎么做？
Zhè gè cài zěnme zuò?

2. 用下面的词组成"把"字句
Put the words in order to make "把" sentences

E.g. 把 菜 我 放在 冰箱里 → 我把菜放在冰箱里。
bǎ cài wǒ fàng zài bīngxiāng li

(1) 你 放在 把 锅 火 上 → ______________。
Nǐ fàng zài bǎ guō huǒ shang

(2) 油 把 倒在 锅里 我 → ______________。
yóu bǎ dào zài guō li wǒ

(3) 我 鸡蛋 把 放在 冰箱里 → ______________。
wǒ jīdàn bǎ fàng zài bīngxiāng li

(4) 你们 书 把 拿出来 → ______________。
Nǐmen shū bǎ ná chulai

(5) 他 咖啡 把 放在 桌子上 → ______________。
Tā kāfēi bǎ fàng zài zhuōzi shang

(6) 他 杯子里 把 茶 倒在 → ______________。
Tā bēizi li bǎ chá dào zài

3. 根据例句完成下面的对话
Complete the following dialogues according to the example

E.g. A: 苹果在冰箱里。 B: 你把苹果拿出来吧。

(1) A: 鸡蛋在冰箱 里。 B: ______。(拿，出来)
Jīdàn zài bīngxiāng li.

(2) A: 词典在书架上。 B: ______。(拿，下来)
Cídiǎn zài shūjià shang.

(3) A: 那些花在 外边。 B: ______。(拿，进来)
Nàxiē huā zài wàibian.

(4) A: 行李在汽车上。 B: ______。(拿，下来)
Xíngli zài qìchē shang.

(5) A: 蛋糕 在这里。 B: ______。(放在 桌子上)
Dàngāo zài zhèli.

(6) A: 这 是你的词典。 B: ______。(放在 书包里)
Zhè shì nǐ de cídiǎn.

4. 用所给词语造“把”字句
Making 把 sentences with the given words

E.g. 书 (放)
书包里 请把书放在书包里。
Qǐng bǎ shū fàng zài shūbāo li.

自行车(放) zìxíngchē	鸡蛋(放) jīdàn	花 (放) huā	牛奶 (倒) niúnǎi	油 (倒) yóu	手机 (放) shǒujī
冰箱 里 bīngxiāng li	杯子里 bēizi li	锅里 guō li	楼 外面 lóu wàimian	口袋里 kǒudài li	水里 shuǐ li

5. 根据所给的词和图片完成下面的句子

Complete the following sentences by using the given words and pictures

(1) 教室里 ________________。 坐着
jiàoshì li zuò zhe

(2) 他的手 里 ________________。 拿着
tā de shǒu li ná zhe

(3) 书架 上 ________________。 放着
shūjià shang fàng zhe

(4) 屋子里 ________________。 放着
wūzi li fàng zhe

(5) 卡片 上 ________________。 写着
kǎpiàn shang xiě zhe

(6) 床 上 ________________。 躺着
chuáng shang tǎng zhe

(7) 树 下 ________________。 站着
shù xia zhàn zhe

6. 根据句子的意思，画线连接A栏和B栏相应的句子

Match the sentences in Group A with those in Group B according to the meanings

A	B
(1) 我打算先去上海， Wǒ dǎsuàn xiān qù Shànghǎi,	a 然后修电视机。 ránhòu xiū diànshìjī.
(2) 你得先放鸡蛋， Nǐ děi xiān fàng jīdàn,	b 然后去西安。 ránhòu qù Xī'ān.
(3) 他先尝了尝牛排， Tā xiān cháng le cháng niúpái,	c 然后把鸡蛋打在碗里。 ránhòu bǎ jīdàn dǎ zài wǎn li.
(4) 你先把鸡蛋从冰箱里拿出来， Nǐ xiān bǎ jīdàn cóng bīngxiāng li ná chulai,	d 然后放西红柿。 ránhòu fàng xīhóngshì.
(5) 他先修洗衣机， Tā xiān xiū xǐyījī,	e 然后尝了尝比萨饼。 ránhòu cháng le cháng bǐsàbǐng.

7. 用所给的汉字填空
Fill in the blanks with the given Chinese characters

(A)	做	放	把	打	菜	后	盐	要	西	里
	zuò	fàng	bǎ	dǎ	cài	hòu	yán	yào	xī	lǐ

我会1______一个很好吃的中国2______，是西红柿炒鸡蛋。先3______鸡蛋，再把锅4______在火上，锅热了，再5______油倒在锅里，然6______把鸡蛋放进锅7______。鸡蛋炒好了，再炒8______红柿。最后不9______忘记放一点儿10______。

(B)	请	着	菜	坐	牛	仅	际	养	兴	会
	qǐng	zhe	cài	zuò	niú	jǐn	jì	yǎng	xìng	huì

一个朋友邀1______马可参加一个聚2______。大家都高高兴3______地来了。屋子里4______着许多人，桌子上放5______很多菜，有意大利6______、中国菜、法国7______排，好像一个国8______宴会。大家说，菜不9______好吃，还很有营10______。

8. 听力练习 Listening comprehension

(1) A 锅里　　B 火上
(2) A 桌子上　　B 冰箱里
(3) A 这儿　　B 那儿
(4) A 米饭上　　B 牛排上
(5) A 碗里　　B 饭盒里

9. 课堂活动 Classroom activities

(1) Tell us how to make scrambled eggs with tomatoes with the help of the pictures.

(2) Tell us a dish you can make.

作业 *Homework*

1. 用所给的词把下面的句子翻译成汉语 Translate the sentences into Chinese by using the given words

(1) Please pour the water into the glass.	把……倒在
(2) First, eat some cake and then drink some tea.	先……，然后……
(3) A friend invited me to a party.	邀请
(4) Milk is very nutritious.	营养
(5) Some flowers are placed on the table.	放(着)

2. 写作练习 (300 汉字左右) Writing exercise

题目：怎么做西红柿炒鸡蛋

Topic: How to make scrambled eggs

第11课 Lesson 11

他能把自己变成一只鸟

Tā néng bǎ zìjǐ biàn chéng yì zhī niǎo

He could turn himself into a bird

课文 *Text*

(一)

马可：你在看《西游记》[1]？这么厚的小说，你看得完吗？
Mǎkě　Nǐ zài kàn 《Xīyóujì》? Zhème hòu de xiǎoshuō, nǐ kàn de wán ma?

林达：能看完，我已经看了一半了。
Líndá　Néng kàn wán, wǒ yǐjīng kàn le yíbàn le.

马可：这么多汉字，你都认识吗？
Mǎkě　Zhème duō Hànzi, nǐ dōu rènshi ma?

林达：可以查词典啊。孙悟空能克服那么多困难，我也能把汉语学好。
Líndá　Kěyǐ chá cídiǎn a. Sūn Wùkōng néng kèfú nàme duō kùnnan, wǒ yě néng bǎ Hànyǔ xué hǎo.

马可：孙悟空是谁？
Mǎkě　Sūn Wùkōng shì shéi?

林达：难道你没听说过吗？那只有名的猴子，这个故事的主要人物。
Líndá　Nándào nǐ méi tīngshuō guo ma? Nà zhī yǒumíng de hóuzi, zhè ge gùshi de zhǔyào rénwù.

马可：想起来了[2]！他是一只聪明的猴子。
Mǎkě　Xiǎng qilai le! Tā shì yì zhī cōngmíng de hóuzi.

林达：对。他很聪明，也很勇敢，能有七十二种不同的变化。
Líndá　Duì. Tā hěn cōngming, yě hěn yǒnggǎn, néng yǒu qīshí'èr zhǒng bùtóng de biànhuà.

马可：听说他能把自己变成一只鸟！
Mǎkě　Tīngshuō tā néng bǎ zìjǐ biàn chéng yì zhī niǎo!

林达：他也能把自己变成一个美女。
Líndá　Tā yě néng bǎ zìjǐ biàn chéng yí ge měinǚ.

马可：真了不起！
Mǎkě　Zhēn liǎobuqǐ!

林达：所以，我们把“孙悟空”翻译成“Monkey King”，猴王！
Líndá　Suǒyǐ, Wǒmen bǎ “Sūn Wùkōng” fānyì chéng “Monkey King”, hóu wáng!

马可：我也听说过许多关于这只猴子的故事。
Mǎkě　Wǒ yě tīngshuō guo xǔduō guānyú zhè zhī hóuzi de gùshi.

林达：他克服了许许多多的困难，把师父送到了西天[3]。
Líndá　Tā kèfú le xǔxǔduōduō de kùnnan, bǎ shīfu sòng dào le Xītiān.

马可：听说，他们还把佛经带回了中国。
Mǎkě　Tīngshuō, tāmen hái bǎ fójīng dài huí le Zhōngguó.

林达：是啊。后来有人把他们的故事写成了一本书，就是《西游记》。
Líndá　Shì a. Hòulái yǒu rén bǎ tāmen de gùshi xiě chéng le yì běn shū, jiù shì 《Xīyóujì》.

马可：林达，能把书借给我吗？我也想看看。
Mǎkě　Líndá, néng bǎ shū jiè gěi wǒ ma? Wǒ yě xiǎng kàn kan.

林达：可以。我看完了就借给你，一个月以后你把书还给我，行吗？
Líndá　Kěyǐ. Wǒ kàn wán le jiù jiè gěi nǐ, yí ge yuè yǐhòu nǐ bǎ shū huán gěi wǒ, xíng ma?

马可：没问题。
Mǎkě　Méi wèntí.

(二)

《西游记》是中国古典小说之一。这本书写了
《Xīyóujì》 shì Zhōngguó gǔdiǎn xiǎoshuō zhī yī. Zhè běn shū xiě le
唐 僧带着三个弟子,到西天取佛经的故事。
Táng Sēng dài zhe sān ge dìzǐ, dào Xītiān qǔ fójīng de gùshi.

在去西天的路上,他们遇到了许多困难,也遇到了
Zài qù Xītiān de lù shang, tāmen yùdào le xǔduō kùnnan, yě yùdào le
很多妖怪。这些妖怪都听说,如果能把唐僧吃了,就
hěn duō yāoguài. Zhèxiē yāoguài dōu tīngshuō, rúguǒ néng bǎ Táng Sēng chī le, jiù
可以长 生 不老了。所以,他们就用一切办法,要抓住
kěyǐ chángshēng bù lǎo le. Suǒyǐ, tāmen jiù yòng yíqiè bànfǎ, yào zhuā zhù
唐 僧,吃他的肉。三个弟子保护着唐 僧,把妖怪
Táng Sēng, chī tā de ròu. Sān ge dìzǐ bǎohù zhe Táng Sēng, bǎ yāoguài
打败了。他们终于到了西天,把佛经带回了中国。
dǎbài le. Tāmen zhōngyú dào le Xītiān, bǎ fójīng dài huí le Zhōngguó.

三个弟子中,孙悟空最聪明,也最勇敢,从来不害怕
Sān ge dìzǐ zhōng, Sūn Wùkōng zuì cōngming, yě zuì yǒnggǎn, cónglái bú hàipà
困难,也不害怕妖怪。他有一根特别的铁棒④,他可以把
kùnnan, yě bú hàipà yāoguài. Tā yǒu yì gēn tèbié de tiě bàng, tā kěyǐ bǎ
铁棒变 成一根针,放在自己的耳朵里,也可以把针变回
tiě bàng biàn chéng yì gēn zhēn, fàng zài zìjǐ de ěrduō li, yě kěyǐ bǎ zhēn biàn huí
铁棒,用它把妖怪打败。另外两个弟子也很善良,很
tiě bàng, yòng tā bǎ yāoguài dǎbài. Lìngwài liǎng ge dìzǐ yě hěn shànliáng, hěn
诚实,跟孙悟空一起保护师父。
chéngshí,gēn Sūn Wùkōng yìqǐ bǎohù shīfu.

有一次,孙悟空 让 另外 两个弟子照顾师父,就出去
Yǒu yí cì, Sūn Wùkōng ràng lìngwài liǎng ge dìzǐ zhàogù shīfu, jiù chūqu
问路了。一个妖怪变 成了美女,把唐僧和他的两个弟子
wèn lù le. Yí ge yāoguài biàn chéng le měinǚ, bǎ Táng Sēng hé tā de liǎng ge dìzǐ
骗到一个山洞里,想吃唐僧的肉。这时候,孙悟空
piàn dào yí ge shāndòng li, xiǎng chī Táng Sēng de ròu. Zhè shíhou, Sūn Wùkōng

回来了。他说："这个美女不是妖怪吗？"他马上用
huílai le. Tā shōu: "Zhè ge měinǚ bú shì yāoguài ma?" Tā mǎshàng yòng

铁棒把妖怪打跑了，把唐僧和那两个弟子救出来了。
tiě bàng bǎ yāoguài dǎ pǎo le, bǎ Táng Sēng hé nà liǎng ge dìzǐ jiù chulai le.

唐僧和弟子们说："幸亏我们有这个聪明、勇敢的
Táng Sēng hé dìzǐmen shuō: "Xìngkuī wǒmen yǒu zhè ge cōngming, yǒnggǎn de

猴子啊！"
hóuzi a!"

(1)

Mark: You are reading *Journey to the West*, aren't you? Such a thick novel, can you finish it?

Linda: Yes, I can, I've read half of it.

Mark: There are so many new words, do you know all of them?

Linda: I can look them up in a dictionary. Sun Wukong could overcome so many difficulties and I can learn to master Chinese.

Mark: Who is Sun Wukong?

Linda: Haven't you heard about it? The famas Monkey, the main character of the story.

Mark: Now I remember it! He is a clever Monkey.

Linda: Yes. He was wise, brave and could make 72 magic changes.

Mark: I've heard that he could turn himself into a bird!

Linda: He could also transform himself into a beauty.

Mark: It is amazing!

Linda: That is why Sun Wukong is translated into Monkey King in English!

Mark: I've also heard many stories about this Monkey.

Linda: He overcame many difficulties and accompanied his master to the Western Heaven.

Mark: I've heard they also brought the Buddhist Scriptures to China.

Linda: Oh yes. Their stories were later written into a book, *Journey to the West.*

Mark: Linda, can you lend me the book? I want to read it, too.

Linda: Yes. I will lend it to you as soon as I finish it. Can you return it to me one month later?

Mark: No problem.

(2)

Journey to the West is one of the well-known Chinese classical novels. The book tells a story about a monk in Tang Dynasty, who travelled to the Western Heaven with his three disciples to study Buddhist Scriptures.

On the journey to the West Heaven, they encountered many difficulties and monsters. All the monsters had heard that they would be immortal if they eat the flesh of Tang monk. Therefore they tried every means to catch Tang monk and eat him. The three disciples protected Tang monk and defeated the monsters. Finally they reached the Western Heaven and brought the Buddhist Scriptures back to China.

Of the three disciples, Sun Wukong was the cleverest and bravest. He was never afraid of difficulties and not the monsters either. He had a magic iron stick (golden cudgel), which could be turned into a needle to be put into his ears and the needle could also be turned back to the iron stick to be used to defeat the monsters. The other two disciples, who were also kind and honest, protected their master together with Sun Wukong.

Once Sun Wukong left the master to the care of the other two disciples and went out to ask the way. One monster turned into a beauty and cheated Tang monk and his two disciples into a cave, where he wanted to eat Tang monk. At this moment Sun Wukong came back and he said: "Isn't this beauty a monster?" With his iron stick, he immediately drove away the monster and saved his master and the two disciples. The master and the disciples said: "Fortunately we have this clever and brave monkey!"

新词语 *New Words*

1	西游记	Xīyóujì	*p.n.*	*Journey to the West* (title of a novel)
2	厚	hòu	*adj.*	thick
3	查	chá	*v.*	to consult (dictionary)
4	孙悟空	Sūn Wùkōng	*p.n.*	Monkey King
5	克服	kèfú	*v.*	to overcome (difficulty)
6	困难	kùnnan	*n.*	difficulty

7	难道	nándào	*adv.*	an adverb used to make an emphatic rhetorical question
8	猴子	hóuzi	*n.*	monkey
9	主要	zhǔyào	*adj.*	main
10	人物	rénwù	*n.*	character in novels, films and stories, etc.
11	勇敢	yǒnggǎn	*adj.*	brave
12	变化	biànhuà	*v.*	change
13	美女	měinǚ	*n.*	beauty
14	翻译	fānyì	*v./n.*	to translate; translator
15	师父	shīfu	*n.*	a term of respect for a monk or nun
16	佛经	fójīng	*n.*	Buddhist Scriptures
17	借	jiè	*v.*	to lend, to borrow
18	还	huán	*v.*	to return
19	之(一)	zhī(yī)	*part.*	one of
20	唐僧	Táng Sēng	*p.n.*	a monk of Tang Dynasty, who travelled to India to study Buddhism
	唐	Táng	*p.n.*	Tang Dynasty (618—970)
	僧	sēng	*n.*	monk
21	弟子	dìzǐ	*n.*	disciple
22	取	qǔ	*v.*	to fetch
23	妖怪	yāoguài	*n.*	monster
24	抓	zhuā	*v.*	to catch
25	保护	bǎohù	*v.*	to protect
26	打败	dǎbài	*v.*	to defeat
27	害怕	hàipà	*v.*	be afraid

28	根	gēn	*m.v.*	measure word (stick, cigarette, etc.)
29	铁	tiě	*n.*	iron
30	棒	bàng	*n.*	stick, rod
31	针	zhēn	*n.*	needle
32	另外	lìngwài	*pron./adv.*	other; additionally
33	山洞	shāndòng	*n.*	cave
34	救	jiù	*v.*	to save
35	幸亏	xìngkuī	*adv.*	fortunately

注释 NOTES

① 西游记: *The Journey to the West* is a well-known classical novel written by Wu Cheng'en.

② 想起来了:"想起来" means that a memory of something has come back to one's mind.

③ 西天:the Western Heaven, ancient Chinese Buddhists' name for India.

④ 铁棒:Its official name is"金箍棒(jīn'gūbàng), Golden cudgel". It is a weapon used by Monky King in the novel *Journey to the West.*

语法 Grammar

1. "把"字句(二) The "把" sentence (2)

"把"字句表示通过某种动作对事物进行处置,句中的动词后常常带有"完、好、成、给、到、回"等词语表示结果或趋向。

The "把" sentence indicates that some actions are taken to make things disposed, in which the verbs are often followed by words indicating results or direction, such as "完、好、成、给、到、回, etc.".

(1) 动词后带"完、好",表示动作完成了。"把+O+V+完",表示动作完成了。如:"把这本书看完。"把+O+V+好",表示动作完成,动作涉及的事物达到完善的状态,如:"把饭做好了"。

Words such as "完、好" are placed after verbs to indicate the completion of an action. "把+O+V+完" indicates that thc action is completed. E.g. "把这本书看完". "把+O+V+

好" indicates that the action is completed and the object of action has reached to a perfect situation. E.g. "把饭做好了".

(2) "把+O+V+成+N"表示动作使事物的性质状态改变了。如:"把他变成鸟"。"把+O+V+到+地点词语"表示动作使事物的位置改变了。如:"把他送到西天"。"把+O+V+回+N"表示动作使事物回到原来的地点或状态。如:"把佛经带回来了""把针变回铁棒"。

"把+O+V+成+N" indicates that the action has changed the nature or situation of the object. E.g. "把他变成鸟". "把+O+V+到+N" indicates that the action has changed the location of the object. E.g. "把他送到西天". "把+O+V+回+N" indicates the action has moved the object back to its original location or situation. E.g. "把佛经带回来了""把针变回铁棒".

(3) 副词"也、都"以及能愿动词等要放在"把"之前。

Adverbs such as "也、都" as well as modal verbs are placed before "把".

	S (agent of action)		+把	+O (recipient of action)	+V	words indicating result		
(1)	我		把	这本书	看	完	了。	I've finished the book.
	他		把	晚饭	做	好	了。	He's finished the dinner cooking.
(2)	他		把	自己	变	成	了美女。	He turned himself into a beauty.
	他		把	书	借	给	了我。	He lent the book to me.
	他们		把	唐僧	送	到	了西天。	They sent Monk Tang to the Western Heaven.
	他		把	针	变	回	了铁棒。	He turned the needle back to the iron stick.
(3)	我	也能	把	汉语	学	好。		I can also learn to master Chinese.
	我们	都想	把	汉字	写	好。		We all want to write Chinese characters well.

2. 反问句(一) Rhetorical questions (1)

反问句,就是用疑问语气(在句末提高语调)表达与字面相反的意义,疑问词"吗"在句子中可以不出现,常表达说话人已经对疑问有了某种程度的判断。例如:"你看得完吗?"说话人认为"你看不完。"一般来说,反问句中如果有否定词,表示加强肯定意义,如果没有否定词,则加强否定意义。如例句(1)。反问句里可用"难道"强调语气。如例句

（2）。

Rhetorical questions use quizzical tones (with rising of intonation at the end of the sentence) to express a contrary meaning to that of the sentence. With or without "吗", rhetorical questions carry some degree of assumption on the part of the speaker. For example, in the sentence "你看得完吗？(Can you finish the book?)" the speaker thinks that "你看不完。(You cannot finish the book.)" Generally speaking, negative words in rhetorical questions indicate positive meaning and vice versa, e.g. (1). Rhetorical tones can be stressed by adding "难道" in the sentence, e.g. (2).

			Implied meaning
(1)	这么厚的书，你看得完吗？	Can you finish such a thick book?	I don't think you can do it.
	这不是妖怪吗？	Isn't it a monster?	I am sure it is a monster.
(2)	你难道没听说过吗？	Haven't you heard about it?	You must've heard about it.
	你难道都认识吗？	How possible that you know all of them?	I don't think you know all of them.

练习 Exercises

1. 课文问答练习 Questions and answers on the text

（一）

（1）林达在看 什么 书？
Líndá zài kàn shénme shū?

（2）这 本 小说 难 吗？
Zhè běn xiǎoshuō nán ma?

（3）有 不认识的汉字，林达怎么办？
Yǒu bú rènshi de Hànzì, Líndá zěnme bàn?

（4）孙 悟空 是 谁？
Sūn Wùkōng shì shéi?

（5）他 能 把自己变 成 什么？
Tā néng bǎ zìjǐ biàn chéng shénme?

（6）英语 中一般把"孙 悟空"翻译成 什么？
Yīngyǔ zhōng yìbān bǎ "Sūn Wùkōng" fānyì chéng shénme?

(7) 猴 王 是一只什么 样 的猴子?
Hóuwáng shì yì zhī shénmeyàng de hóuzi?

(8) 孙 悟空 在 路上 遇到了什么?
Sūn Wùkōng zài lù shang yù dào le shénme?

(9) 他把师父送到 了哪儿?
Tā bǎ shīfu sòng dào le nǎr?

(10) 马可什么 时候把书 还 给林达?
Mǎkě shénme shíhou bǎ shū huán gěi Líndá?

(二)

(1) 《西游记》写了什么 故事?
《Xīyóujì》 xiě le shénme gùshi?

(2) 他们把佛经带回 中国 了吗?
Tāmen bǎ fójīng dài huí Zhōngguó le ma?

(3) 妖怪 们 为什么 想 吃 唐 僧 肉?
Yāoguàimen wèi shénme xiǎng chī Táng Sēng ròu?

(4) 孙 悟空 能 把铁棒 变 成 什么?
Sūn Wùkōng néng bǎ tiě bàng biàn chéng shénme?

(5) 孙 悟空 把针 放 在哪儿?
Sūn Wùkōng bǎ zhēn fàng zài nǎr?

(6) 妖怪 把自己变 成 了 什么?
Yāoguài bǎ zìjǐ biàn chéng le shénme?

(7) 妖怪 把 唐 僧 骗 到哪儿了?
Yāoguài bǎ Táng Sēng piàn dào nǎr le?

(8) 孙 悟空 把 妖怪 打败了吗?
Sūn Wùkōng bǎ yāoguài dǎbài le ma?

(9) 孙 悟空 把师父救出来了吗?
Sūn Wùkōng bǎ shīfu jiù chulai le ma?

(10) 唐 僧 和弟子们说 什么?
Táng Sēng hé dìzǐmen shuō shénme?

2. 把下面的句子改成"把"字句
Change the following into "把" sentences

E.g. 小猫弄坏了电脑。→小猫把电脑弄坏了。

(1) 林达看完了这本书。 → ________。
Líndá kàn wán le zhè běn shū.

(2) 林达能学好汉语。 → ________。
Líndá néng xué hǎo Hànyǔ.

(3) 我做完了晚饭。 → ________。
Wǒ zuò wán le wǎnfàn.

(4) 他不想借给我这本书。 → ________。
Tā bù xiǎng jiè gěi wǒ zhè běn shū.

(5) 孙悟空打败了妖怪。 → ________。
Sūn Wùkōng dǎbài le yāoguài.

(6) 他们带回来了佛经。 → ________。
Tāmen dài huilai le fójīng.

3. 用下面所给汉字填空
Fill in the blanks with the given Chinese characters

好	完	成	到	给	回

(1) 你能把书借（　　　）我吗？
Nǐ néng bǎ shū jiè 　　　 wǒ ma?

(2) 你明天能把书还（　　　）我吗？
Nǐ míngtiān néng bǎ shū huán 　　　 wǒ ma?

(3) 三个弟子把师父送（　　　）西天了。
Sān ge dìzǐ bǎ shīfu sòng 　　　 Xītiān le.

(4) 林达能把那本小说看（　　　）。
Líndá néng bǎ nà běn xiǎoshuō kàn 　　　.

(5) 外国人也能把汉语学（　　　）。
Wàiguórén yě néng bǎ Hànyǔ xué 　　　.

(6) 请 把孙悟空 翻译(　　　　　)英语。
Qǐng bǎ Sūn Wùkōng fānyì Yīngyǔ.

(7) 请 把 这 个 邮件 发(　　　　　)李老师。
Qǐng bǎ zhè ge yóujiàn fā Lǐ lǎoshī.

(8) 人们 把这 个学校 变(　　　　　)了一个医院。
Rénmen bǎ zhè ge xuéxiào biàn le yí ge yīyuàn.

(9) 他把汽车卖(　　　　　)我了。
Tā bǎ qìchē mài wǒ le.

(10) 他把孩子送(　　　　　)家了。
Tā bǎ háizi sòng jiā le.

4. 说出下面反问句的意思
Tell the meanings of the following rhetorical sentences

E.g. 你不是中国学生吗？　<u>你是中国学生</u>。

(1) 这不是 妖怪 吗？　＿＿＿＿＿＿＿＿＿＿。
Zhè bú shì yāoguài ma?

(2) 你没有 钱 吗？　＿＿＿＿＿＿＿＿＿＿。
Nǐ méiyǒu qián ma?

(3) 你不认识她吗？　＿＿＿＿＿＿＿＿＿＿。
Nǐ bú rènshi tā ma?

(4) 你没 听 过 这个歌吗？　＿＿＿＿＿＿＿＿＿＿。
Nǐ méi tīng guo zhè ge gē ma?

(5) 这么 厚 的 书，我看 得完 吗？　＿＿＿＿＿＿＿＿＿＿。
Zhème hòu de shū, wǒ kàn de wán ma?

(6) 这么 多菜，我一个人 吃得了 吗？　＿＿＿＿＿＿＿＿＿＿。
Zhème duō cài, wǒ yí ge rén chī de liǎo ma?

5. 根据例句改写下面的句子
Rewrite the following sentences according to the example

E.g. 我认为，你一定有手机。　→ <u>你难道没有手机</u>？
我认为，你一定没有手机。　→ <u>你难道有手机</u>？

(1) 我 认为，你一定知道 孙悟空。 → ____________。
Wǒ rènwéi, nǐ yídìng zhīdao Sūn Wùkōng.

(2) 我 认为，你一定是老师。 → ____________。
Wǒ rènwéi, nǐ yídìng shì lǎoshī.

(3) 我 认为，你一定听说 过《西游记》。 → ____________。
Wǒ rènwéi, nǐ yídìng tīngshuō guo 《Xīyóujì》.

(4) 我 认为，她一定不是京剧 演员。 → ____________。
Wǒ rènwéi, tā yídìng bú shì jīngjù yǎnyuán.

(5) 我 认为，你一定不认识这 位作家。 → ____________。
Wǒ rènwéi, nǐ yídìng bú rènshi zhè wèi zuòjiā.

(6) 我 认为，你一定没有 很 多 钱。 → ____________。
Wǒ rènwéi, nǐ yídìng méiyǒu hěn duō qián.

6. 用"把"或者"被" 完成下面的句子 Complete the following sentences by using "把" or "被"

(1) 我们（ ）行李 放 到 车里。
Wǒmen xíngli fàng dào chē li.

(2) 他没有（ ）自行车 弄 坏。
Tā méiyǒu zìxíngchē nòng huài.

(3) 牛奶（ ）小 猫 喝 完了。
Niúnǎi xiǎo māo hē wán le.

(4) 我一定 要（ ）汉字写好。
Wǒ yídìng yào Hànzì xiě hǎo.

(5) 电脑（ ）我 弄 坏了。
Diànnǎo wǒ nòng huài le.

(6) 他们（ ）师父送 到了西天。
Tāmen shīfu sòng dào le Xītiān.

7. 根据句子的意思，画线连接A栏和B栏相应的句子
Match the sentences in Group A with those in Group B according to the meanings

A	B
(1) 孙悟空打败了妖怪， Sūn Wùkóng dǎbài le yāoguài,	a 就可以长生不老。 jiù kěyǐ chángshēng bù lǎo.
(2) 你读过《西游记》， Nǐ dú guo 《Xīyóujì》,	b 可是从来不害怕。 kěshì cónglái bú hàipà.
(3) 他能把自己变成美女， Tā néng bǎ zìjǐ biàn chéng měinǚ,	c 把师父救出来了。 bǎ shīfu jiù chulai le.
(4) 如果能把唐僧吃了， Rúguǒ néng bǎ Táng Sēng chī le,	d 难道不知道猴王吗？ nándào bù zhīdào hóuwáng ma?
(5) 他们虽然遇到了很多困难， Tāmen suīrán yù dào le hěn duō kùnnan,	e 也能变成一只鸟。 yě néng biàn chéng yì zhī niǎo.

8. 用所给的汉字填空
Fill in the blanks with the given Chinese characters

(A)	记	完	困	事	西	之	查	借	好	字
	jì	wán	kùn	shì	xī	zhī	chá	jiè	hǎo	zì

林达正在看《西游 1______》，这是中国古典小说 2______一。书里有很多不认识的汉 3______，可是林达想把书看 4______。她想，孙悟空能克服 5______难，把师父送到 6______天，自己也能多练习，多 7______词典，把汉语学 8______。马可听了《西游记》的故 9______，也想把这本小说 10______来看看。

(B)	聪	成	怪	护	败	老	到	肉	美	取
	cōng	chéng	guài	hù	bài	lǎo	dào	ròu	měi	qǔ

孙悟空很 1______明，也很勇敢，他们三个弟子保 2______着师父，一起到西天 3______经。在路上，他们遇到了妖 4______，妖怪想

吃唐僧的 5________，因为听说那样就可以长生不 6________。孙悟空有时把自己变 7________动物，有时变成 8________女，把妖怪们打 9________了。最后，他们把师父送 10________了西天。

9. 听力练习　Listening comprehension

(1)	A　借书	B　还书
(2)	A　医院	B　公园
(3)	A　看不完	B　看得完
(4)	A　会	B　不会
(5)	A　困难	B　没有时间

10. 课堂活动　Classroom activities

Tell stories about Sun Wukong.

唐僧　　孙悟空　　唐僧的弟子　　唐僧的弟子

作业　*Homework*

1. 用所给的词把下面的句子翻译成汉语

Translate the following sentences into Chinese by using the given words

(1) He has overcome many difficulties.	克服
(2) He can turn himself into a bird.	变成(use “把”)
(3) Can you translate this sentence into Chinese?	翻译成(use “把”)
(4) Can you lend me the novel?	借 (use “把”)
(5) When can you return the book to me?	还 (use “把”)

2. 写作练习 (300 汉字左右)　Writing exercise

题目：孙悟空的故事　Topic: A story of Monkey King

第12课 Lesson 12

把屋子收拾收拾
Bǎ wūzi shōushi shōushi

Clean and tidy the room

课文 *Text*

(一)

大卫：小文，晚上有一个音乐会，我们一起去吧。
Dàwèi Xiǎowén, wǎnshang yǒu yí ge yīnyuèhuì, wǒmen yìqǐ qù ba.

小文：恐怕不行。我正准备接待客人呢，得把屋子收拾收拾。
Xiǎowén Kǒngpà bù xíng. Wǒ zhèng zhǔnbèi jiēdài kèrén ne, děi bǎ wūzi shōushi shōushi.

大卫：屋子每天都收拾，已经很干净了。
Dàwèi Wūzi měi tiān dōu shōushi, yǐjīng hěn gānjìng le.

小文：还得再收拾收拾。我已经把书架整理了，现在要把桌子、椅子擦一擦。
Xiǎowén Hái děi zài shōushi shōushi. Wǒ yǐjīng bǎ shūjià zhěnglǐ le, xiànzài yào bǎ zhuōzi, yǐzi cā yi cā.

大卫：什么重要的客人啊？
Dàwèi Shénme zhòngyào de kèrén a?

小文：我的一个好朋友，她和丈夫正在欧洲度蜜月，顺便来看看我。
Xiǎowén Wǒ de yí ge hǎo péngyou, tā hé zhàngfu zhèngzài Ōuzhōu dù mìyuè, shùnbiàn lái kàn kan wǒ.

大卫：那你得好好儿接待他们。
Dàwèi Nà nǐ děi hǎohāor jiēdài tāmen.

小文：所以我得把房间收拾好。对了，你也来吧，
Xiǎowén Suǒyǐ wǒ dei bǎ fángjiān shōushi hǎo. Duì le, nǐ yě lái ba,

一起聊聊天儿。
yìqǐ liáo liao tiānr.

大卫：太好了！那我得把祝贺的话复习复习。
Dàwèi Tài hǎo le! Nà wǒ děi bǎ zhùhè de huà fùxí fùxí.

小文：你准备说什么？
Xiǎowén Nǐ zhǔnbèi shuō shénme?

大卫："祝你们永远幸福"，行吗？
Dàwèi "Zhù nǐmen yǒngyuǎn xìngfú", xíng ma?

小文：说得很好。也可以说："祝你们白头到老①。"
Xiǎowén Shuō de hěn hǎo. Yě kěyǐ shuō: " Zhù nǐmen báitóu dào lǎo."

大卫：是什么意思？是永远在一起的意思吗？
Dàwèi Shì shénme yìsi? Shì yǒngyuǎn zài yìqǐ de yìsi ma?

小文：对，这是中国人最常说的话，你别把这句话忘了。
Xiǎowén Duì, zhè shì Zhōngguórén zuì cháng shuō de huà, nǐ bié bǎ zhè jù huà wàng le.

大卫：可以请他们把恋爱的故事讲一下吗？
Dàwèi Kěyǐ qǐng tāmen bǎ liàn'ài de gùshi jiǎng yíxià ma?

小文：你想学习他们的经验，对吧？
Xiǎowén Nǐ xiǎng xuéxí tāmen de jīngyàn, duì ba?

大卫：中国人在婚礼上常这样做。
Dàwèi Zhōngguórén zài hūnlǐ shang cháng zhèyàng zuò.

小文：你真聪明，一学就会。现在请把那些水果洗一下。
Xiǎowén Nǐ zhēn cōngming, yì xué jiù huì. Xiànzài qǐng bǎ nàxiē shuǐguǒ xǐ yíxià.

大卫：这太容易了，交给我吧。
Dàwèi Zhè tài róngyì le, jiāo gěi wǒ ba.

（二）

王丽 是小文的好朋友，她一直想到欧洲来旅行，
Wáng Lì shì Xiǎowén de hǎo péngyou, tā yìzhí xiǎng dào Ōuzhōu lái lǚxíng,

可是因为工作很忙，总是没有时间。最近王丽要
kěshì yīnwèi gōngzuò hěn máng, zǒngshì méiyǒu shíjiān. Zuìjìn Wáng Lì yào

结婚了，她计划到欧洲度蜜月。
jié hūn le, tā jìhuà dào Ōuzhōu dù mìyuè.

他们的父母建议，按照中国传统，他们应该先举行
Tāmen de fùmǔ jiànyì, ànzhào Zhōngguó chuántǒng, tāmen yīnggāi xiān jǔxíng

一个婚礼。于是，他们先把婚礼的日子确定下来，又把
yí ge hūnlǐ. Yúshì, tāmen xiān bǎ hūnlǐ de rìzi quèdìng xialai, yòu bǎ

举行婚礼的饭店安排好。按照中国婚礼的传统，人们
jǔxíng hūnlǐ de fàndiàn ānpái hǎo. Ànzhào Zhōngguó hūnlǐ de Chuántǒng,rénmén

结婚时要办一个宴会，把新郎和新娘的父母、亲戚、
jiéhūn shí yào bàn yí ge yànhuì, bǎ xīnláng hé xīnliáng de fùmǔ, qīnqì,

朋友都请来。他们写了一个名单，准备按照名单把
péngyou dōu qǐng lái. Tāmen xiě le yí ge míngdān, zhǔnbèi ànzhào míngdān bǎ

婚礼请柬发给亲戚、朋友。名单写好了，王丽数了数，
hūnlǐ qǐngjiǎn fā gěi qīnqì, péngyou. Míngdān xiě hǎo le, Wáng Lì shǔ le shǔ,

不多不少，正好九十九人。这是最吉利的数字：长长久久，
bù duō bù shǎo, zhěnghǎo jiǔshíjiǔ rén. Zhè shì zuì jílì de shùzì: chángchángjiǔjiǔ,

白头到老！
báitóu dào lǎo!

举行完婚礼，王丽和丈夫到欧洲度蜜月，顺便来看看
Jǔxíng wán hūnlǐ, Wáng Lì hé zhàngfu dào Ōuzhōu dù mìyuè, shùnbiàn lái kàn kan

小文。小文一听到这个消息，就开始准备接待她的
Xiǎowén. Xiǎowén yì tīng dào zhè ge xiāoxi, jiù kāishǐ zhǔnbèi jiēdài tā de

朋友。她提前把房间整理好，把杯子洗干净。她还
péngyou. Tā tíqián bǎ fángjiān zhěnglǐ hǎo, bǎ bēizi xǐ gānjìng. Tā hái

借来了大卫的汽车，把汽车也擦了一下。王丽的航班
jiè lai le Dàwèi de qìchē, bǎ qìchē yě cā le yíxià. Wáng Lì de hángbān

明天早上到，小文准备去机场接她的好朋友。
míngtiān zǎoshang dào, Xiǎowén zhǔnbèi qù jīchǎng jiē tā de hǎo péngyou.

所以，她明天上午不能上课，得请假。
Suǒyǐ, tā míngtiān shàngwǔ bù néng shàng kè, děi qǐng jià.

(1)

David: Xiaowen, there is a concert this evening. Shall we go together?

Xiaowen: I'm afraid not. I am getting ready to have a visitor and I must tidy the room.

David: The room is cleaned every day and it is already very clean.

Xiaowen: It needs more cleaning. I have tidied my bookshelf and now I want to clean the desk and chairs.

David: Who is the important visitor?

Xiaowen: A good friend of mine. She and her husband are on their honeymoon in Europe and they'll come to visit me on the way.

David: Then you must take a good care of them.

Xiaowen: So I must clean and tidy my room. By the way you are welcome, too. Come to chat with us.

David: Great! Then I must review some phrases of congratulations.

Xiaowen: What are you going to say?

David: "Wish you happiness forever." Would that be ok?

Xiaowen: Well said. You can also say: "Remain happily married until your hair turns white."

David: What does it mean? Does it mean to be together forever?

Xiaowen: Correct. It is often said so. Don't forget the sentence.

David: May I ask them to tell their love stories?

Xiaowen: You want to learn from their experience, don't you?

David: Chinese often do so at weddings.

Xiaowen: You are really clever and you are a fast learner. Now please wash the fruits.

David: This is very easy. Leave them to me.

(2)

Wang Li is a good friend of Xiaowen. She's been thinking of travelling in Europe, but always too busy to afford time. Recently she is going to get married and she plans to go to Europe to spend the honeymoon.

Their parents suggest that according to Chinese tradition, they should have a wedding first. Therefore they' ve made the wedding date and arranged the wedding in a restaurant as well. According to traditional Chinese wedding, a wedding banquet is held and parents, relatives and friends of both bride and bridegroom are invited. They' ve made a list and invitation cards will be sent to the friends and relatives according to the list. When the list was ready Wang Li counted the number, exactly 99 people. This is the most auspicious number: everlasting and happiness to the end of life!

After the wedding, Wang Li and her husband will go to spend honeymoon in Europe and come to see Xiaowen on the way. As soon as Xiaowen heard the news, she started to prepare to welcome her friends. She cleaned her room and the cups beforehand. She' s also borrowed David' s car and cleaned it. Wang Li' s flight arrives tomorrow morning and Xiaowen is going to the airport to meet her good friend. Therefore she cannot go to class tomorrow morning and must ask for leave of absence.

新词语 *New Words*

1	收拾	shōushi	*v.*	to tidy (room)
2	接待	jiēdài	*v.*	to treat (visitors)
	接	jiē	*v.*	to meet (visitors at a place such as airport, bus/train station, etc.)
	待	dài	*v.*	to treat (people, visitors)
3	整理	zhěnglǐ	*v.*	to put (things) in order
4	擦	cā	*v.*	to wipe
5	蜜月	mìyuè	*n.*	honeymoon
	蜜	mì	*n.*	honey
6	顺便	shùnbiàn	*adv.*	(do sth. without extra effort) in addition to what one is already doing, by the way
7	祝贺	zhùhè	*v.*	to congratulate

8	永远	yǒngyuǎn	*adj.*	for ever
9	幸福	xìngfú	*adj./n.*	happy; happiness
10	恋爱	liàn'ài	*v./n.*	to be in love; love
11	经验	jīngyàn	*n.*	experience
12	交	jiāo	*v.*	to assign (task)
13	计划	jìhuà	*v./n.*	to plan; plan
14	按照	ànzhào	*prep.*	according to
15	传统	chuántǒng	*n./adj.*	tradition; traditional
16	举行	jǔxíng	*v.*	to hold (ceremony)
17	婚礼	hūnlǐ	*n.*	wedding ceremony
18	于是	yúshì	*conj.*	therefore
19	日子	rìzi	*n.*	date (when an event takes place)
20	确定	quèdìng	*v./adj.*	to fix (time or place for a meeting); definice
21	安排	ānpái	*v.*	to arrange
22	新郎	xīnláng	*n.*	bridegroom
23	新娘	xīnniáng	*n.*	bride
24	亲戚	qīnqi	*n.*	relative
25	名单	míngdān	*n.*	name list
26	请柬	qǐngjiǎn	*n.*	invitation card
27	正好	zhènghǎo	*adv.*	just
28	吉利	jílì	*adj.*	auspicious
29	数字	shùzì	*n.*	number, digit
30	消息	xiāoxi	*n.*	news, information
31	提前	tíqián	*v.*	to shift to an earlier date, ahead of schedule
32	航班	hángbān	*n.*	flight
33	请假	qǐng jià		to ask for leave of absence

注释 NOTES

① 白头到老: Literally it means couples remain their happy marriage till their hair turns white. Or couples remain happily married to the end of their lives.

语法 Grammar

1. "把"字句(三) The "把" sentence (3)

"把"字句中动词常带有表示结果意义的词语(见10、11课),除此以外,还有下面的形式:

In "把" sentences, the verbs are often followed by words indicating results (See Chapter 10 and 11). In addition, verbs also take the following patterns.

(1) 动词重叠,"把"字句中的动词重叠形式有几种。

① 动词为双音节,常用ABAB形式,如:"把书架整理整理"。

② 动词为单音节,可以简单重叠,也常用V(一)V形式,如:"把桌子擦(一)擦"。

Duplication of verbs:

① Disyllabic verbs are duplicated as ABAB, e.g. "把书架整理整理".

② Monosyllabic verbs are duplicated as V(一)V, e.g. "把桌子擦 (一) 擦".

(2) 在动词后加"一下"等表示动作频率的词语,如:"把水果洗一下"。这样的句子不需要说明动作结果,只强调对某事物进行处置。

In "把" sentences, verbs are followed by words indicating frequency of actions such as "一下", e.g. "把水果洗一下". This type of sentence does not indicate result of actions but emphasizes on the disposal of the object.

(3) 动词后加"了"。动词后带"了",表示动作完成,如"我把书架整理了"。这样的句子含有"动作一发生就会产生相关结果"的意思。这种句式也常用于祈使句,表示说话人的请求,如:"别把这句话忘了"。

In "把" sentences, verbs can be followed by "了" to indicate the completion of actions, e.g. "我把书架整理了". This type of sentence implies the meaning that the completion of action will be followed by related results. "把+O+V+了" structure is also used in imperative sentences to indicate requests, e.g. "你别把这句话忘了".

	S (agent of an action)		把	O(recipient of an action)	V+other words
(1)	我	得	把	屋子	收拾收拾。
(2)	我	现在	把	桌子	擦一擦。
	你		把	水果	洗一下。
(3)	你	别	把	这句话	忘了。

2. "一……就……"

这个句式表示前后两个句子中的两个动作紧接着发生。

The sentence structure indicates that two actions in the two clauses happen one after the other immediately.

	first action				second action
(1)	你	一	学	就	会。
(2)	她	一	听说这个消息，	就	开始准备。

练习 Exercises

1. 课文问答练习 Questions and answers on the text

（一）

(1) 小文 为什么不去音乐会？
Xiǎowén wèi shénme bú qù yīnyuèhuì?

(2) 小文 为什么 要 收拾 屋子？
Xiǎowén wèi shénme yào shōushi wūzi?

(3) 小文 怎么 收拾 屋子？
Xiǎowén zěnme shōushi wūzi?

(4) 小文 的 朋友 和 她丈夫 在 欧洲 干 什么？
Xiǎowén de péngyou hé tā zhàngfu zài Ōuzhōu gàn shénme?

(5) 朋友 结 婚，可以说 哪些祝贺的话？
Péngyou jié hūn, kěyǐ shuō nǎxiē zhùhè de huà?

(6) "白头到老"是 什么 意思？
"Báitóu dào lǎo" shì shénme yìsi?

(7) 马可 想 请 小文 的 朋友 讲 什么？
Mǎkě xiǎng qǐng Xiǎowén de péngyou jiǎng shénme?

(8) 现在 小文 请 马可做 什么？
Xiànzài Xiǎowén qǐng Mǎkě zuò shénme?

（二）

（1）王 丽是谁？
Wáng Lì shì shéi?

（2）王 丽最近要做 什么？
Wáng Lì zuìjìn yào zuò shénme?

（3）王 丽的父母有 什么 建议？
Wáng Lì de fùmǔ yǒu shénme jiànyì?

（4）婚礼在哪儿举行？
Hūnlǐ zài nǎr jǔxíng?

（5）婚礼宴会 请哪些人参加？
Hūnlǐ yànhuì qǐng nǎxiē rén cānjiā?

（6）王 丽的 名单 上 有 多少 人？
Wáng Lì de míngdān shang yǒu duōshao rén?

（7）王 丽觉得这 个数字怎么样？
Wáng Lì juéde zhè ge shùzì zěnmeyàng?

（8）这 个数字有 什么意思？
Zhè ge shùzì yǒu shénme yìsi?

（9）王 丽的 航班几点 到？
Wáng Lì de hángbān jǐ diǎn dào?

（10）小文 为什么 得请假？
Xiǎowén wèi shénme děi qǐng jià?

2. 用“把”字句完成下面的对话
Complete the following dialogues by using “把” sentence

E.g. A：这辆车太脏了。	B：我们把车擦（一）擦吧。 我们把车擦一下吧。

（1）A：客厅里的东西太多了。 B：______________。（收拾）
Kètīng li de dōngxi tài duō le.

（2）A：电脑 里的文件 太乱了。 B：______________。（整理）
Diànnǎo li de wénjiàn tài luàn le.

(3) A：房间 太脏 了。 B：__________。(打扫)
Fángjiān tài zāng le.

(4) A：这 辆 自行车坏 了。 B：__________。(修)
Zhè liàng zìxíngchē huài le.

(5) A：这 件衣服脏 了。 B：__________。(洗)
Zhè jiàn yīfu zāng le.

(6) A：这些 钱 大概是一千。 B：__________。(数)
Zhèxiē qián dàgài shì yì qiān.

3. 根据例句完成下面的句子
Complete the following sentences according to the example

E.g. 衣服很脏，(洗) → 把衣服洗了(吧)。

(1) 你病 了，这是药 ，(吃) __________。
Nǐ bìng le, zhè shì yào,

(2) 饺子很 好吃，(吃) __________。
Jiǎozi hěn hǎochī,

(3) 牛奶很有 营养，(喝) __________。
Niúnǎi hěn yǒu yíngyǎng,

(4) 这些 是给老师的书，(整理) __________。
Zhèxiē shì gěi lǎoshī de shū,

(5) 那 辆汽车太旧了，(卖) __________。
Nà liàng qìchē tài jiù le,

(6) 那件 事不重要，(忘) __________。
Nà jiàn shì bú zhòngyào,

4. 根据例句造句 Make sentences according to the example

E.g. 学，会 → 他一学就会。

(1) 回 到 家，做饭 → __________。
huí dào jiā, zuò fàn

(2) 老师 说，学生 明白 → ____________。
lǎoshī shuō, xuésheng míngbai

(3) 听 到 音乐，想 跳 舞 → ____________。
tīng dào yīnyuè, xiǎng tiào wǔ

(4) 到 书店，想 买 书 → ____________。
dào shūdiàn,xiǎng mǎi shū

(5) 看到不认识的汉字，查词典 → ____________。
kàndào bú rènshi de Hànzì, chá cídiǎn

(6) 知道 朋友 来，开始准备接待 → ____________。
zhīdao péngyou lái, kāishǐ zhǔnbèi jiēdài

5. 按照例句用"于是……"完成下面的句子

Complete the following sentences by using "于是…" according to the example

E.g. 他的女朋友去中国学汉语了，<u>于是他也去了</u>。 Tā de nǚpéngyǒu qù Zhōngguó xué Hànyǔ le, So that he went there, too.

(1) A:他知道九是个吉利的数字，____________。
Tā zhīdao jiǔ shì ge jílì de shùzì, ... so that he invited 99 guests.

(2) A:参加婚礼的人很 多，____________。
Cānjiā hūnlǐ de rén hěn duō. ... so that the wedding is arranged in a hotel.

(3) A:孩子喜欢 上 网，____________。
Háizi xǐhuan shàng wǎng, ... so that mother bought him a computer.

(4) A:他 想，城 里 工作 机会多，____________。
Tā xiǎng ,chéng lǐ gōngzuò jīhuì duō, ... so that he came to the city from the countryside.

(5) A:他们 下个月放 假，____________。
Tāmen xià ge yuè fàng jià, ... so that they decided to travel to Europe.

(6) A:他看见大家都喝绿茶，____________。
Tā kànjiàn dàjiā dōu hē lǜchá, ... so that he drinks green tea, too.

6. 根据句子的意思，画线连接A栏和B栏相应的句子
Match the sentences in Group A with those in Group B according to the meanings

A

(1) 下课后我要去银行，
Xiàkè hòu wǒ yào qù yínháng,

(2) 因为暑假旅行的人很多，
Yīnwèi shǔjià lǚxíng de rén hěn duō,

(3) 周末我把屋子收拾好，
Zhōumò wǒ bǎ wūzi shōushi hǎo,

(4) 我到教室的时候，
Wǒ dào jiàoshì de shíhou,

(5) 婚礼和宴会
Hūnlǐ hé yànhuì,

B

a 正好是四点。
zhènghǎo shì sì diǎn.

b 准备接待朋友。
zhǔnbèi jiēdài péngyou.

c 我们都安排好了。
wǒmen dōu ānpái hǎo le.

d 我们提前订好了飞机票。
wǒmen tíqián dìng hǎo le fēijīpiào.

e 顺便也去超市买东西。
shùnbiàn yě qù chāoshì mǎi dōngxi.

7. 用所给的汉字填空
Fill in the blanks with the given Chinese characters

(A)	会	擦	看	洗	永	拾	理	贺	老	待
	huì	cā	kàn	xǐ	yǒng	shí	lǐ	hè	lǎo	dài

马可想请小文去听音乐 1_______，可是小文正在收 2_______屋子，因为她的朋友要来 3_______她。小文把书架整 4_______好，还要把桌子、椅子都 5_______一下，把茶杯都 6_______干净。她买了水果，准备接 7_______朋友。马可正在练习说祝 8_______的句子："祝你们 9_______远幸福，白头到 10_______。"

(B)	婚	吉	提	议	饭	度	便	计	礼	亲
	hūn	jí	tí	yì	fàn	dù	biàn	jì	lǐ	qīn

王丽要结 1_______了。他们的父母建 2_______，按照传统举行一个婚 3_______。王丽和丈夫找了一个 4_______利的日子，订了一个 5_______店，把好朋友和 6_______戚都请来。他们 7_______前做好了旅行 8_______划，一起去欧洲 9_______蜜月，也打算顺 10_______看看小文。

8. 听力练习 Listening comprehension

(1) A 地铁站 B 飞机场

(2) A 开会,看我 B 旅游,看我

(3) A 新娘 B 老年人

(4) A 很新 B 很干净

(5) A 发邮件 B 打电话

9. 课堂活动 Classroom activities

(1) Say something about Chinese wedding.

请柬 宴会 亲戚、朋友都来

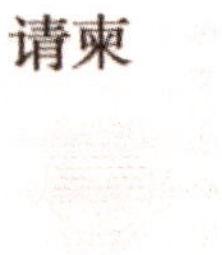

(2) Say something about wedding in your country.

作业 *Homework*

1. 用所给的词把下面的句子翻译成汉语 Translate the following sentences into Chinese by using the given words

(1) I am going to visit my parents and I'll also visit my friends on the way. 顺便

(2) Teacher Wang will inform us in advance if she cannot come. 提前

(3) This teacher is very experienced. 经验

(4) They want to arrange the banquet in a restaurant. 安排(use "把")

(5) I must put my books in order. 整理 (use "把")

2. 写作练习 (300 汉字左右) Writing exercise

题目:王丽的婚礼安排

Topic: Wang Li's wedding arrangement

第13课 Lesson 13

把头抬得高高的
Bǎ tóu tái de gāogāo de

I raised my head high

课文 Text

(一)

小文：昨天 晚上 你看电影 了吗？怎么样？
Xiǎowén Zuótiān wǎngshang nǐ kàn diànyǐng le ma? Zěnmeyàng?

大阳：电影很精彩，可是，我的座位前面有两 个 观众把我气坏了。
Dàyáng Diànyǐng hěn jīngcǎi, kěshì, wǒ de zuòwèi qiánmiàn yǒu liǎng ge guānzhòng bǎ wǒ qì huài le.

小文：你和他们吵架了？
Xiǎowén Nǐ hé tāmen chǎojià le?

大阳：可不是！电影已经开始五 分钟 了，他们才进来。
Dàyáng Kě bu shì! Diànyǐng yǐjīng kāishǐ wǔ fēnzhōng le, tāmen cái jìnlai.

小文：观众 迟到，也是常 有的事。
Xiǎowén Guānzhòng chídào, yě shì cháng yǒu de shì.

大阳：别提了！他们一坐下来，就又吃又 说 又笑，还接电话，影响 别人。
Dàyáng Bié tí le! Tāmen yí zuò xialai, jiù yòu chī yòu shuō yòu xiào, hái jiē diànhuà, yǐngxiǎng biéren.

小文：这俩[①]人太没礼貌了。在 电影院 看 电影 时，他们应该把手机关 上。
Xiǎowén Zhè liǎ rén tài méi lǐmào le. Zài diànyǐngyuàn kàn diànyǐng shí, tāmen yīnggāi bǎ shǒujī guān shang.

大阳：旁边的观众也对他们很不满意，说②他们，
Dàyáng Pángbiān de guānzhòng yě duì tāmen hěn bù mǎnyì, shuō tāmen,

可他们根本不听。
kě tāmen gēnběn bù tīng.

小文：既然他们没礼貌，就应该把他们请出去。
Xiǎowén Jìrán tāmen méi lǐmào, jiù yīnggāi bǎ tāmen qǐng chuqu.

大阳：谁说不是呢。他们把旁边的人都气坏了。
Dàyáng Shéi shuō bú shì ne. Tāmen bǎ pángbiān de rén dōu qì huài le.

小文：后来呢？
Xiǎowén Hòulái ne?

大阳：后来一位老人要让他们出去，他们终于不说话了。
Dàyáng Hòulái yí wèi lǎorén yào ràng tāmen chuqu, tāmen zhōngyú bù shuō huà le.

小文：为了看一个电影，生了那么多气。
Xiǎowén Wèile kàn yí ge diànyǐng, shēng le nàme duō qì.

大阳：我还没说完呢。他们俩都特别高，我得把头
Dàyáng Wǒ hái méi shuō wán ne. Tāmen liǎ dōu tèbié gāo, wǒ děi bǎ tóu

抬得高高的才能看见。
tái de gāogāo de cái néng kànjiàn.

小文：那你一定把脖子弄得很累吧。
Xiǎowén Nà nǐ yídìng bǎ bózi nòng de hěn lèi ba.

大阳：可不是。结果，电影看完了，我的脖子也疼极了。
Dàyáng Kě bu shì. Jiéguǒ, diànyǐng kàn wán le, wǒ de bózi yě téng jí le.

小文：为了看一个电影，把脖子弄得那么疼，值得吗？
Xiǎowén Wèile kàn yí ge diànyǐng, bǎ bózi nòng de nàme téng, zhíde ma?

大阳：值得。电影非常精彩，把我感动得流眼泪了。
Dàyáng Zhíde. Diànyǐng fēicháng jīngcǎi, bǎ wǒ gǎndòng de liú yǎnlèi le.

（二）

有一次，太阳和寒风看见一个人正在骑马旅行。
Yǒu yí cì, tàiyang he hánfēng kànjiàn yí ge rén zhèngzài qí mǎ lǚxíng.
天气很冷，他穿着厚厚的大衣。寒风说，他能把那个人
Tiānqì hěn lěng, tā chuān zhe hòuhòu de dàyī. Hánfēng shuō, tā néng bǎ nà ge rén
的大衣脱下来。太阳不相信。"你看，"寒风说，"那个人
de dàyī tuō xialai. Tàiyang bù xiāngxìn. "Nǐ kàn," hánfēng shuō, "nà ge rén
很冷，他把大衣裹得紧紧的。可是我是寒风，我的风
hěn lěng, tā bǎ dàyī guǒ de jǐnjǐn de. Kěshì wǒ shì hánfēng, wǒ de fēng
十分厉害。我只要一吹，马上就能把他身上的大衣
shífēn lìhai. Wǒ zhǐyào yì chuī, mǎshàng jiù néng bǎ tā shēn shang de dàyī
吹走。"
chuī zǒu."

寒风说完，就用力地吹了起来③。可是，那个人
Hánfēng shuō wán, jiù yòng lì de chuī le qilai. Kěshì, nà ge rén
还是把大衣裹得紧紧的。他一边骑着马继续往前走，
háishì bǎ dàyī guǒ de jǐnjǐn de. Tā yìbiān qí zhe mǎ jìxù wǎng qián zǒu,
一边不高兴地说："天气变化太快了，讨厌的风！"
yìbiān bù gāoxìng de shuō: " Tiānqì biànhuà tài kuài le, tǎoyàn de fēng!"
寒风生气了，说："我一定要把你的大衣脱下来。"于是，
Hánfēng shēng qì le, shuō: " Wǒ yídìng yào bǎ nǐ de dàyī tuō xialai." Yúshì,
它更努力地吹。结果，那个人快要冻死了，他把大衣
tā gèng nǔlì de chuī. Jiéguǒ, nà ge rén kuài yào dòng sǐ le, tā bǎ dàyī
裹得更紧了。寒风知道，他没办法把那个人的大衣
guǒ de gèng jǐn le. Hánfēng zhīdao, tā méi bànfǎ bǎ nà ge rén de dàyī
脱下来了。
tuō xialai le.

太阳说："既然你没办法了，就让我来试试吧。只要
Tàiyang shuō: "Jìrán nǐ méi bànfǎ le, jiù ràng wǒ lái shì shi ba. Zhǐyào
我一出来，他就会把大衣脱下来。"太阳说完，笑着
wǒ yì chūlai, tā jiù huì bǎ dàyī tuō xialai." Tàiyang shuō wán, xiào zhe

从厚厚的云中走出来了。金色的阳光把大地照得
cóng hòuhòu de yún zhōng zǒu chulai le. Jīnsè de yángguāng bǎ dàdì zhào de

亮亮的，把天气变得越来越暖和。那个骑马的人高兴
liàngliàng de, bǎ tiānqì biàn de yuèláiyuè nuǎnhuo. Nà ge qí mǎ de rén gāoxìng

地说："太好了，太阳终于出来了！"他觉得越来越热，
de shuō: "Tài hǎo le, tàiyang zhōngyú chūlai le!" Tā juéde yuèláiyuè rè,

最后，把大衣脱下来了。
zuìhòu, bǎ dàyī tuō xiàlai le.

寒风对太阳说："你真厉害！"
Hánfēng duì tàiyang shuō: "Nǐ zhēn lìhai!"

(1)

Xiaowen: Did you see the film yesterday? How was it?

Dayang: It was splendid. But there were two guys sitting in front of my seat and they made me really angry.

Xiaowen: You quarreled with them, didn't you?

Dayang: Yes, I did. They came in five minutes after the film had already started.

Xiaowen: It is quite normal that audience is late.

Dayang: It was awful! Right after sitting down they started to eat, chat and laugh. They also answered mobile phone, very disturbing.

Xiaowen: These two guys were so rude. They should power off mobile phones when watching films in the cinema.

Dayang: Other audience around was not happy with them either and criticized them but they wouldn't listen at all.

Xiaowen: Since they were so rude you should've asked them to go out.

Dayang: You are right. They made all of the people around very angry.

Xiaowen: What happened then?

Dayang: Then an old man was about to ask them to go out. Finally they stopped talking.

Xiaowen: You got so angry just for watching a film.

Dayang: That was not the end of the story. They were very tall and I had to raise my head very high to see the film.

Xiaowen: You must have made your neck very tired.

Dayang: Oh yes. As a result, my neck was very painful after the film.
Xiaowen: You made your neck painful just for a film. Was it worth watching the film?
Dayang: Yes, it was. The film was really wonderful and I was moved to tears.

(2)

Once the sun and the cold wind saw a man travelling on horse. The weather was very cold and the man was wearing a thick overcoat. The cold wind said that he could take off the man's overcoat. The sun didn't believe him. "Look !" the cold wind said, "That man is very cold and he has wrapped himself tightly with his overcoat. But my cold wind is so powerful that as long as I blow, I can blow away his overcoat immediately".

After saying this, the cold wind started blowing hard. However, the man still wrapped himself tightly with his overcoat. While continuing his trip on horse, he said unhappily: "The weather is changing too fast! This nasty wind!" The cold wind got angry and said: "I shall definitely blow away your overcoat." So it blew even harder. As a result, the man was almost freezing to death and he wrapped himself much more tightly with his overcoat. The cold wind knew that there was no way to blow off the man's overcoat.

The sun said: "Since you cannot do it, let me have a try. So long as I come out, he will take off his overcoat." After saying this, with a smile the sun came out from the thick clouds. The golden sunlight shone upon the land and it made the weather get warmer and warmer. The man on horse said happily: "Great, the sun has finally come out!" The man felt hotter and hotter and finally he took off his overcoat.

The cold wind said to the sun: "You are really powerful!"

新词语 *New Words*

1	抬	tái	*v.*	to raise, to lift
2	精彩	jīngcǎi	*adj.*	(of happenings) splendid, wonderful

3	座位	zuòwèi	*n.*	seat
4	观众	guānzhòng	*n.*	audience
5	吵架	chǎo jià		to quarrel
6	可不是	kěbúshi	*adv.*	exactly (in agreement with other's opinions)
7	俩	liǎ	*n.m.*	two
8	既然	jìrán	*conj.*	since
9	礼貌	lǐmào	*n.*	courtesy, politeness
10	关	guān	*v.*	to turn off, to close
11	满意	mǎnyì	*adj.*	satisfied, satisfying
12	根本	gēnběn	*adv.*	(not) at all
13	脖子	bózi	*n.*	neck
14	值得	zhídé	*v.*	to be worth
15	感动	gǎndòng	*v.*	emotionally moved
16	流	liú	*v.*	(of water) to flow
17	寒	hán	*adj.*	cold
18	大衣	dàyī	*n.*	overcoat
19	脱	tuō	*v.*	to take off (clothes)
20	裹	guǒ	*v.*	to wrap
21	紧	jǐn	*adj.*	tight
22	十分	shífēn	*adv.*	very
23	厉害	lìhai	*adj.*	powerful, ferocious
24	只要	zhǐyào	*conj.*	only if
25	吹	chuī	*v.*	to blow
26	用力	yòng lì		to exert oneself (physically)
	力	lì	*n.*	strength (physical)
27	讨厌	tǎoyàn	*adj./v.*	nasty, disgusting; to dislike

28	结果	jiéguǒ	*n.*	result
29	冻	dòng	*v.*	to freeze
30	金	jīn	*n./adj.*	gold; golden
30	阳光	yáng-guāng	*n.*	sunlight
	光	guāng	*n.*	light
31	照	zhào	*v.*	to shine
32	大地	dàdì	*n.*	land

注释 NOTES

① 俩: "俩" is a numeral-measure word, which means two pieces (of something). Thus it cannot be followed by other measure words, e.g. 俩人, two people . It is also placed after personal pronouns to indicate two people, e.g. 他(们)俩, two of them; 我(们)俩, two of us; 你(们)俩, two of you.

② 说: to criticise

③ 吹了起来: start to blow

语法 Grammar

1. "把"字句(四) The "把" sentence (4)

"把"字句中的动词后面可以带程度补语，描写宾语被处置的情况，如："把头抬得高高的"。

In "把" sentences, verbs can be followed by complements of degree to describe the situation of disposed objects. E.g. "把头抬得高高的".

	S	+把	+O	+V	+得	+ words indicating degree	
(1)	我得	把	头	抬	得	高高的。	I must raise my head high.
(2)	我	把	脖子	弄	得	疼极了。	I made my neck very painful.
(3)	那个电影	把	我	感动	得	流眼泪了。	I was moved to tears by the film.
(4)	他	把	大衣	裹	得	更紧了。	He wrapped himself more tightly with his overcoat.

2. “既然……，就……”

表示根据某种情况，推断出某种结论的意思。“既然”用在前一分句，说明某种情况的存在，“就”用在后一分句的动词前，表示推断出来的结论。

The sentence indicates that certain conclusion is deduced based on certain situation. “既然” in the previous clause indicates the existence of certain situation and “就” in the following clause indicates the deduced conclusion.

	situation		conclusion		
(1)	既然	你没办法了，	就	让我来试试吧。	Since you have no way to do it, let me have a try.
(2)	既然	他们没礼貌，我们	就	把他们请出去。	Since they are so impolite, we ask them to go out.

3. “只要……，就……”

表示在一定的条件下，会产生某种结果。“只要”用在前一分句，说明条件，“就”用在后一分句的动词前，表示结果。

The sentence indicates that under certain condition a result is produced. “只要” in the previous clause indicates certain condition and “就” in the following clause indicates the result.

	condition		result		
(1)	只要	大风一吹，	就	能把他的大衣吹走。	So long as the strong wind blows, it will blow away his overcoat.
(2)	只要	太阳出来，他	就	会把大衣脱下来。	So long as the sun comes out, he'll take off his overcoat.

练习 Exercises

1. 课文问答练习 Questions and answers on the text

(一)

(1) 太阳 昨天 晚上 做 什么 了？

Dàyáng zuótiān wǎnshang zuò shénme le ?

(2) 他觉得电影 怎么样？

Tā juéde diànyǐng zěnmeyàng?

(3) 有 两 个 观众 迟到 了 多长 时间？

Yǒu liǎng ge guānzhòng chídào le duō cháng shíjiān?

(4) 那两 个人 怎么 影响 别人?
Nà liǎng ge rén zěnme yǐngxiǎng biéren?

(5) 为 什么 应该 把手机 关 上?
Wèi shénme yīnggāi bǎ shǒujī guān shang?

(6) 观众 说 那两 个人,他们 听 吗?
Guānzhòng shuō nà liǎng ge rén, tāmen tīng ma?

(7) 为 什么 应该 把那 两 个人 请出去?
Wèi shénme yīnggāi bǎ nà liǎng ge rén qǐng chuqu?

(8) 最后那 两 个人 为 什么 不 说 话 了?
Zuìhòu nà liǎng ge rén wèi shénme bù shuō huà le?

(9) 太阳 的脖子为 什么 那么 疼?
Dàyáng de bózi wèi shénme nànme téng?

(10) 太阳 觉得值得吗?
Dàyáng juéde zhíde ma?

(二)

(1) 太阳 和 寒风 看见了什么?
Tàiyang hé hánfēng kànjiàn le shénme?

(2) 天气 怎么样?
Tiānqì zěnmeyàng?

(3) 寒 风 认为它能 做 什么?
Hánfēng rènwéi tā néng zuò shénme?

(4) 风 很大,那 个人 说 什么?
Fēng hěn dà, nà ge rén shuō shénme?

(5) 寒风 吹 过 后,那个人把大衣脱下来了吗?
Hánfēng chuī guò hòu, nà ge rén bǎ dàyī tuō xiàlai le ma?

(6) 寒 风 还有 什么办法?
Hánfēng hái yǒu shénme bànfǎ?

(7) 太阳 认为他能 把那个人的大衣脱下来吗?
Tàiyang rènwéi tā néng bǎ nà ge rén de dàyī tuō xialai ma?

(8) 太阳 出来了,天气怎么样?
Tàiyang chūlai le, tiānqì zěnmeyàng?

(9) 骑马的人 为 什么 把大衣脱下来了？
Qí mǎ de rén wèi shénme bǎ dàyī tuō xialai le?

(10) 寒 风 和太阳，谁厉害？
Hánfēng hé tàiyang, shéi lìhai?

2. 根据例句写句子
Write the following sentences according to the example

E.g. 把 那个 电影 感动 得 我 流眼泪了
那个电影把我感动得流眼泪了。

(1) 把 我 头 抬 高高的 得
bǎ wǒ tóu tái gāogāo de de

______________________________。

(2) 骑马的人 大衣 把 很紧 裹 得
qí mǎ de rén dàyī bǎ hěn jǐn guǒ de

______________________________。

(3) 房间 把 他 弄 得 很脏
fángjiān bǎ tā nòng de hěn zāng

______________________________。

(4) 天气 太阳 把 变 得 暖和 了 越来越
tiānqì tàiyang bǎ biàn de nuǎnhuo le yuèláiyuè

______________________________。

(5) 妈妈 衣服 把 得 干干净净的 洗
māma yīfu bǎ de gāngānjìngjìng de xǐ

______________________________。

(6) 那 辆 汽车 把 擦 得 像新的一样 他
nà liàng qìchē bǎ cā de xiàng xīn de yíyàng tā

______________________________。

3. 根据英语用"只要……，就……"完成下面的句子
Complete the sentences by using "只要……，就……" according to English

(1) ______________________，天气就暖和了。
So long as the sun comes out, tiānqì jiù nuǎnhuo le.

(2) ______________________，天气就冷了。
So long as cold wind comes, tiānqì jiù lěng le.

(3) ______________________，他就出去散步。
So long as it doesn't rain, tā jiù chūqu sàn bù.

(4) ______________________，他就打篮球。
So long as he has time, tā jiù dǎ lánqiú.

(5) ______________________，我就给你买。
So long as you like it, wǒ jiù gěi nǐ mǎi.

(6) ______________________，你就能幸福。
So long as you have love, nǐ jiù néng xìngfú.

4. 用"俩"或"两"填空 Fill in the blanks with "俩" 或 "两"

(1) 我们（　　　）都会骑马。
Wǒmen dōu huì qí mǎ.

(2) 他迟到了（　　　）个小时。
Tā chídào le ge xiǎoshí.

(3) 这（　　　）个人太没礼貌了。
Zhè ge rén tài méi lǐmào le.

(4) 三个苹果，他吃了（　　　）。
Sān ge píngguǒ, tā chī le .

(5) 他们（　　　）都很生气。
Tāmen dōu hěn shēng qì.

5. 用"既然……，就……"完成下面的句子
Complete the sentences by using "既然..., 就..."

(1) 既然你不舒服，______________________。
Jìrán nǐ bù shūfu,

(2) 既然你爱他，________________。
Jìrán nǐ ài tā,

(3) 既然你周末没有别的安排，________________。
Jìrán nǐ zhōumò méiyǒu biéde ānpái,

(4) 既然你想学好汉语，________________。
Jìrán nǐ xiǎng xué hǎo Hànyǔ,

(5) 既然晚饭已经准备好了，________________。
Jìrán wǎnfàn yǐjīng zhǔnbèi hǎo le,

(6) 既然你喜欢这件衣服，________________。
Jìrán nǐ xǐhuan zhè jiàn yīfu,

6. 根据句子的意思，画线连接A栏和B栏相应的句子
Match the sentences in Group A with those in Group B according to the meanings

A

(1) 寒风生气了，用力地吹，
Hánfēng shēng qì le, yònglì de chuī,

(2) 既然他们没有礼貌，
Jìrán tāmen méiyǒu lǐmào,

(3) 太阳把天气变得暖和了，
Tàiyang bǎ tiānqì biàn de nuǎnhuo le,

(4) 这个电影很精彩，
Zhè ge diànyǐng hěn jīngcǎi,

(5) 他们一坐下来，
Tāmen yí zuò xialai,

B

a 就应该把他们请出去。
jiù yīnggāi bǎ tāmen qǐng chuqu.

b 就开始又说又笑。
jiù kāishǐ yòu shuō yòu xiào.

c 结果，那个人把大衣裹得更紧了。
jiéguǒ, nà ge rén bǎ dàyī guǒ de gèng jǐn le.

d 把我们感动得流眼泪了。
bǎ wǒmen gǎndòng de liú yǎnlèi le.

e 那个人就把大衣脱下来了。
nà ge rén jiù bǎ dàyī tuō xialai le.

7. 用所给的汉字填空

Fill in the blanks with the given Chinese characters

(A)	影	礼	根	俩	疼	把	得	响	高	众
	yǐng	lǐ	gēn	liǎ	téng	bǎ	de	xiǎng	gāo	zhòng

太阳看电 1______的时候,前面有 2______人,他们都很 3______,太阳得把头抬 4______高高的,所以 5______脖子弄得很 6______。那两个人很没 7______貌,又说又笑,影 8______了旁边的观 9______。大家说他们,他们 10______本不听。

(B)	厚	光	把	用	结	脱	试	把	得	把
	hòu	guāng	bǎ	yòng	jié	tuō	shì	bǎ	de	bǎ

一个人正在骑马旅行,他穿着很 1______的大衣。寒风说,他能 2______那个人的大衣 3______下来。于是,寒风 4______力地吹,但那个人 5______他的大衣裹 6______紧紧的。太阳说,我来 7______一下吧。看,阳 8______照在大地上,9______果天气暖和了,那个人 10______大衣脱下来了。

8. 听力练习 Listening comprehension

(1) A 很厚　　B 很暖和

(2) A 不好看　　B 很好看

(3) A 天气好了　　B 有时间

(4) A 商店　　B 电影院

(5) A 老板　　B 工作

9. 课堂活动 Classroom activities

Read aloud or perform the following short play "the cold wind and the sun"

(narrator)
: 有一次，太阳和寒风看见一个人正在骑马旅行。天气很冷，那个人穿着厚厚的大衣。
Yǒu yí cì, tàiyang hé hánfēng kànjiàn yí ge rén zhèngzài qí mǎ lǚxíng. Tiānqì hěn lěng, nà ge rén chuān zhe hòuhòu de dàyī.

: 你看，他多冷啊，穿着那么厚的大衣。可是我能把他的大衣脱下来。
Nǐ kàn, tā duō lěng a, chuān zhe nàme hòu de dàyī. Kěshì wǒ néng bǎ tā de dàyī tuō xialai.

: 我不相信。寒风一吹，他就会把大衣裹得紧紧的。
Wǒ bù xiāngxìn. Hánfēng yì chuī, tā jiù huì bǎ dàyī guǒ de jǐnjǐn de.

: 可是，我的风十分厉害。我只要一吹，马上就能把他的大衣吹走。
Kěshì, wǒ de fēng shífēn lìhai. Wǒ zhǐyào yì chuī, mǎshàng jiù néng bǎ tā de dàyī chuī zǒu.

: 寒风说完，就用力地吹了起来。
Hánfēng shuō wán, jiù yònglì de chuī le qilai.

: 哎呀，真冷啊！
Āiyā, zhēn lěng a!

: 哎呀，真冷啊！天气变化太快了，这个讨厌的风！我得把大衣裹得紧紧的。
Āiyā, zhēn lěng a! Tiānqì biànhuà tài kuài le, zhè ge tǎoyàn de fēng! Wǒ děi bǎ dàyī guǒ de jǐnjǐn de.

: 那个人把大衣裹得紧紧的，骑着马继续往前走。
Nàge rén bǎ dàyī guǒ de jǐnjǐn de, qí zhe mǎ jìxù wǎng qián zǒu.

: 你看，你的风没有把他的大衣吹走。
Nǐ kàn, nǐ de fēng méiyǒu bǎ tā de dàyī chuī zǒu.

: 我再用点儿力吹，"呜，呜……"
Wǒ zài yòng diǎnr lì chuī, "wū, wū...."

：哎呀，冷死了！这个讨厌的风！我得把大衣裹得再紧些。
Āiyā, lěng sǐ le! Zhè ge tǎoyàn de fēng! Wǒ děi bǎ dàyī guǒ de zài jǐn xiē.

：你看，那个骑马地人把大衣裹得更紧了。
Nǐ kàn, nà ge qí mǎ de rén bǎ dàyī guǒ de gèng jǐn le.

：我已经吹了半个小时了，累死了，吹不动了。
Wǒ yǐjīng chuī le bàn ge xiǎoshí le, lèi sǐ le, chuī bu dòng le.

：寒风又累又生气，他没办法把那个人的大衣脱下来。
Hánfēng yòu lèi yòu shéng qì, tā méi bànfǎ bǎ nà ge rén de dàyī tuō xialai.

：既然你没办法了，就让我来试试吧。只要我一出来，他就会把大衣脱下来。
Jìrán nǐ méi bànfǎ le, jiù ràng wǒ lái shì shi ba. Zhǐyào wǒ yì chūlai, tā jiù huì bǎ dàyī tuō xialai.

：太阳笑着从厚厚的云中走出来了。金色的阳光把大地照得亮亮的，把天气变得越来越暖和。
Tàiyang xiào zhe cóng hòuhòu de yún zhōng zǒu chulai le. Jīnsè de yángguāng bǎ dàdì zhào de liàngliàng de, bǎ tiānqì biàn de yuèláiyuè nuǎnhuo.

：太好了，太阳终于出来了！我的大衣太厚了，热死了！
Tài hǎo le, tàiyang zhōngyú chūlai le! Wǒ de dàyī tài hòu le, rè sǐ le!

：你看，那个骑马的人要把大衣脱下来了。
Nǐ kàn, nà ge qí mǎ de rén yào bǎ dàyī tuō xialai le.

：那个骑马的人觉得越来越热，最后，他把大衣脱下来了。
Nà ge qí mǎ de rén juéde yuèláiyuè rè, zuìhòu, tā bǎ dàyī tuō xialai le.

：太阳，你真厉害，你把他的大衣脱下来了。
Tàiyang, nǐ zhēn lìhai, nǐ bǎ tā de dàyī tuō xialai le.

：他自己把大衣脱下来了，因为我把阳光给了他。
Tā zìjǐ bǎ dāyī tuō xialai le, yīnwèi wǒ bǎ yángguāng gěi le tā.

作业 *Homework*

1. 用所给的词把下面的句子翻译成汉语
Translate the following sentences into Chinese by using the given words

(1) Please power off your mobile phones. 关
(2) They don't understand English at all. 根本
(3) Are you satisfied with this job? 满意
(4) The weather got warm. As a result, the man took off his coat. 结果
(5) Since you like it, we just buy it. 既然……,就……

2. 写作练习 (300 汉字左右) Writing exercise

根据课文续写寒风和太阳的对话

Continue the dialogues about the sun and the cold wind according to the text

寒风:你看见那个骑马的人了吗?

太阳:看见了。他穿着厚厚的大衣,一定很冷。

寒风:……

太阳:……

第14课 Lesson 14

把地球保护好

Bǎ dìqiú bǎohù hǎo

The earth should be well protected

课文 Text

现在，科学技术水平越来越高，社会发展越来越快。人们把剩下的食品扔到垃圾箱里，把过时的衣服换成时尚的衣服，把旧的手机换成新的手机，把旧的电脑换成更好的电脑，把旧的汽车换成更快的汽车。人们的生活越来越方便了，可是地球上的垃圾越来越多了。空气被污染了，土地被污染了，海洋也被污染了，环境都被污染了。

Xiànzài, kēxué jìshù shuǐpíng yuèláiyuè gāo, shèhuì fāzhǎn yuèláiyuè kuài. Rénmen bǎ shèngxia de shípǐn rēng dào lājīxiāng li, bǎ guòshí de yīfu huàn chéng shíshàng de yīfu, bǎ jiù de shǒujī huàn chéng xīn de shǒujī, bǎ jiù de diànnǎo huàn chéng gèng hǎo de diànnǎo, bǎ jiù de qìchē huàn chéng gèng kuài de qìchē. Rénmen de shēnghuó yuèláiyuè fāngbiàn le, kěshì dìqiú shang de lājī yuèláiyuè duō le. Kōngqì bèi wūrǎn le, tǔdì bèi wūrǎn le, hǎiyáng yě bèi wūrǎn le, huánjìng dōu bèi wūrǎn le.

这样看来，科学技术的高速发展有好处，也有坏处。人们应该考虑，用科学技术把生活变得更方便，同时也得把环境保护好。如果地球的环境被破坏了，就会出现很多自然灾害。现在全球气候变暖，冰雪都融化了，雪水流进了大海。如果一些海边的城市被海水淹没，人们就不得不离开自己的家。如果连自己的家也保护不了，还会有幸福

Zhèyàng kànlái, kēxué jìshù de gāosù fāzhǎn yǒu hǎochù, yě yǒu huàichù. Rénmen yīnggāi kǎolǜ, yòng kēxué jìshù bǎ shēnghuó biàn de gèng fāngbiàn, tóngshí yě děi bǎ huánjìng bǎohù hǎo. Rúguǒ dìqiú de huánjìng bèi pòhuài le, jiù huì chūxiàn hěn duō zìrán zāihài. Xiànzài quánqiú qìhòu biàn nuǎn, bīngxuě dōu rónghuà le, xuěshuǐ liú jìn le dà hǎi. Rúguǒ yìxiē hǎibiān de chéngshì bèi hǎishuǐ yānmò, rénmen jiù bù dé bù líkāi zìjǐ de jiā. Rúguǒ lián zìjǐ de jiā yě bǎohù bù liǎo, hái huì yǒu xìngfú

的生活 吗？
de shēnghuó ma?

是时候了，人们应该好好儿考虑这些问题了。地球是我们的家，我们应该把地球保护好。
Shì shíhou le, rénmen yīnggāi hǎohāor kǎolǜ zhèxiē wèntí le. Dìqiú shì wǒmen de jiā, wǒmen yīnggāi bǎ dìqiú bǎohù hǎo.

Nowadays, the level of science and technology gets higher and higher and the society develops faster and faster. People throw leftovers to trash cans. Old fashioned clothes are replaced by fashionable ones; old mobile phones are replaced by new ones; old computers are replaced by better ones and old cars are replaced by faster cars. Life gets more and more convenient, but the earth has more and more rubbish. The air is polluted, the land is polluted, the seas and oceans are polluted and the environment is polluted.

It seems that there are good and bad sides of the rapid developing of science and technology. People should consider that high level of science and technology makes life more convenient, but at the same time the environment should be well protected, too. Otherwise the environment of the earth is damaged and natural disasters will take place. Because of global warming, ice and snow have melted and the snow water has flowed into the sea. If some cities at the seaside are flooded, people will have to leave their homes. How can people have a happy life if they cannot even protect their own homes?

It is time for people to concider these issues seriously. The earth is our home and it should be well protected.

新词语 *New Words*

1	地球	dìqiú	*n.*	the earth
2	科学	kēxué	*n.*	science
3	发展	fāzhǎn	*v.*	to develop
4	剩下	shèngxià	*v.*	remaining, to be left
5	食品	shípǐn	*n.*	food
6	扔	rēng	*v.*	to throw away

7	垃圾箱	lājīxiāng	*n.*	trash can
	垃圾	lājī	*n.*	trash
	箱	xiāng	*n.*	can, box
8	过时	guòshí	*n.*	out of fashion
9	时尚	shíshàng	*adj.*	fashionable
10	旧	jiù	*adj.*	worn, used, old
11	污染	wūrǎn	*v.*	to pollute
12	土地	tǔdì	*n.*	land
13	海洋	hǎiyáng	*n.*	sea and ocean
14	高速	gāosù	*n.*	high speed
15	坏处	huàichù	*n.*	harm
16	考虑	kǎolǜ	*v.*	to consider
17	同时	tóngshí	*conj.*	at the same time
18	破坏	pòhuài	*v.*	to destroy
19	自然	zìrán	*n.*	nature
20	灾害	zāihài	*n.*	disaster
21	全球	quánqiú	*n.*	the globe, the whole world
22	气候	qìhòu	*n.*	climate
23	融化	rónghuà	*v.*	to melt
24	淹没	yānmò	*v.*	to flood, submerge
25	离开	líkāi	*v.*	to leave (a place, someone)

语法 *Grammar*

1. "把"字句总复习 General review of the "把" sentence

（1）"把"字句基本结构 The basic structure of the "把" sentence

S(agent of action)	把	O (recipient of action)	V	(words indicating result)
我	把	水果	洗	干净了。

⚠ 注意！ Attention！

①“把”的宾语必须是确指的事物。 Objects after “把” must be specifically defined.

②“把”字句的动词是及物动词，能和“把”后的宾语构成动宾关系。

Verbs in the “把” sentence must be transitive verbs, which form a verb-object structure with the object preceded by “把”.

③句中的副词、能愿动词一般要放在“把”之前。

Adverbs functioning as adverbials as well as modal verbs are usually placed before “把”.

（2）“把”字句的动词 Verbs in the “把” sentence

“把”字句的动词一般是个复杂结构，后面常带其他词语，主要有如下形式：

Verbs in the “把” sentence have complicated structures and they are usually followed by other words. The main structures are as follows:

①动词后有表示结果的词。如：“我把书看完了。”

Verbs are followed by words indicating result. E.g. “I have finished the book.”

②动词后有趋向补语（也表示动作结果）。如：“我把书拿上去了。”

Verbs are followed by complements of direction (also indicating result), e.g. “I took the book up there.”

③动词后有表示使事物位置、状态改变的词语。如：“我把书放在（到）桌子上了。”

Verbs are followed by words which indicate the change of locations and situations of objects, e.g. “I put the book on the desk.”

④动词后有用“得”连接的补语，也有结果意。如：“我把桌子擦得很干净。”

Verbs are followed by “得+Complements of degree”, which may also indicate results, e.g. “I gave the desk a good cleaning.”

⑤动词后有表示动作频率的词语。如：“我把桌子擦一下。”

Verbs are followed by words indicating frequency of action, e.g. “I'll clean the desk.”

⑥动词重叠。如：“你把桌子擦擦。”

Verbs are duplicated, e.g. “Please clean the desk.

⑦动词后加“了”。如：“我把桌子擦了。”

Verbs are followed by “了”, e.g. “I'll clean the desk/I've cleaned the desk.”

2. 被动句总复习 General review of the “被” sentence

被动句中，位于句首的主语是句中动词的受事者，也可以看作句子的话题。

In the “被” sentence, subjects at the beginning are recipients of actions and they can also be regarded as topics of the sentences.

(1)“被”字句的基本结构　The basic structure of the “被”sentence

“被”字句是汉语被动句的一种形式,句中有介词“被(让、叫)”。位于句首的是受事者,跟在“被(让、叫)”后的名词是施事者。“被”字句常表达对受事者、说话者来说是不愉快的、受损害的情况。“被“字句的基本结构是:主语(受事)+被+宾语(施事)+动词+其他。

The “被” sentence is one of passive sentences in Chinese, in which there are prepositions “被(让、叫)”. Words at the beginning of the sentences are recipients of actions and words following “被(让、叫)” are the agents of actions. The “被” sentence often indicates an unpleasant and damaging situation from the point of view of the recipient of actions or the speaker. The basic structure of the “被” sentence is: Subject (recipient)+被+Object (agent)+V+other elements.

S (recipient)	被	O (agent)	V	other elements
电脑	被	(小猫)	弄	坏了。The computer was damaged (by the cat).
电脑	让	小猫	弄	坏了。The computer was damaged by the cat.

⚠ **注意! Attention!**

① 如果不需要说明动作发出者,“被”的后面也可以不跟名词,但用“让、叫”时,后面要有名词。

Agents of actions after “被” do not need to be mentioned if it is unnecessary. However agents of actions after “让、叫” cannot be omitted.

② “被”字句的动词是及物动词,能和“被“前的名词构成动宾关系。

Verbs in the “被” sentence are transitive verbs, which take the words before “被” to form a verb-object structure.

③ 句中的否定词、副词、能愿动词一般要放在“被”之前。

In the “被”sentence, negative words, adverbs functioning as adverbials as well as modal verbs should be placed before “被”.

(2)无标志被动句 The unmarked passive sentence

无标志被动句也叫意义上的被动句。有如下几个特点:

The unmarked passive sentence, which is also called the notional passive sentence, has the following features:

① 句中没有表示被动的介词“被”以及施动者;

There is no “被” which is the marker of passive sentence and there is no agent of actions.

② 位于句子主语位置的是句中动词的接受者,是确指的;

Words at the position of the subject are the recipients of actions and they are specifically defined.

③ 位于句首的词大多是表事物的词,它本身一般不能发出动作;

Words at the beginning of sentence are nouns indicating things and objects, which cannot generate actions.

④ 这样的句子只说明动作的接受者的状态，不需要说明动作发出者。

This type of sentence only indicates the situation of the recipient and it is not necessary to mention the agent of actions.

(3)“被”字句的常见形式

被字句中的动词是个复杂结构，后面常带表示完结、结果等词语，主要形式如下：

With complicated structures, verbs in the “被” sentence are usually followed by words indicating completion or result. The main structures are as follows:

① 动词后加“了”。如：“我被那个电影感动了。”

Verbs are followed by “了”, e.g. “I was moved by that film”

② 动词后有结果补语。如：“电脑被我弄坏了”。

Verbs are followed by complements of result, e.g. “The computer was damaged by me.”

③ 动词后有趋向补语（也表示动作结果）。如：“行李被放进去了”。

Verbs are followed by complements of dircction (also indicating result), e.g. “The luggage was put in.”

④ 动词后有表示使事物位置、状态改变的词语：“西红柿被切成几块”。

Verbs are followed by words which indicate the change of locations and situations of objects, e.g. “The tomato was chopped into a few pieces.”

⑤ 动词后有用“得”连接的补语，也有结果意。如：“他被打得躺在地上”。

Verbs are followed by complements connected by “得”, e.g. “He was beaten till he lay on the ground.”

⑥ 动词后有表示数量的词语。如：“他被打了一下”。

Verbs are followed by numeral measure words, e.g. “He got a hit .”

练习 Exercises

1. 课文问答练习 Questions and answers on the text

(1) 现在 的科学技术水平 怎么样？

Xiànzài de kēxué jìshù shuǐpíng zěnmeyàng?

(2) 现在 的 社会发展 怎么样？

Xiànzài de shèhuì fāzhǎn zěnmeyàng?

(3) 科学技术的高速发展有 什么 好处？ 有 什么 坏处？

Kēxué jìshù de gāosù fāzhǎn yǒu shénme hǎochù? Yǒu shénme huàichù?

(4) 现在 全球 的气候怎么样？

Xiànzài quánqiú de qìhòu zěnmeyàng?

(5) 气候变 暖的结果是 什么?
Qìhòu biàn nuǎn de jiéguǒ shì shénme?

(6) 冰雪 融化 的结果是 什么?
Bīngxuě rónghuà de jiéguǒ shì shénme?

(7) 人们 为 什么不得不离开自己的家?
Rénmen wèi shénme bù dé bù líkāi zìjǐ de jiā?

(8) 现在,人们 应该 做 什么?
Xiànzài, rénmen yīnggāi zuò shénme?

2. 用所给的汉字填空 Fill in the blanks with the given words

好	成	给	擦	好	到	成	里	上	完
hǎo	chéng	gěi	cā	hǎo	dào	chéng	lǐ	shàng	wán

(1) 请 你把词典 放在书架 (　　　　)。
Qǐng nǐ bǎ cídiǎn fàng zài shūjià

(2) 他 想 把自己变 (　　　　) 一只鸟。
Tā xiǎng bǎ zìjǐ biàn yì zhī niǎo.

(3) 妈妈把饭做 (　　　　) 了,我们 吃吧。
Māma bǎ fàn zuò le, wǒmen chī ba.

(4) 桌子 很 脏,把它擦 (　　　　)。
Zhuōzi hěn zāng, bǎ tā cā

(5) 你 能把英语翻译 (　　　　) 汉语吗?
Nǐ néng bǎ Yīngyǔ fānyì Hànyǔ ma?

(6) 我一天就把这 本 书看 (　　　　) 了。
Wǒ yì tiān jiù bǎ zhè běn shū kàn le.

(7) 大卫把 小文 的自行车修 (　　　　) 了。
Dàwèi bǎ Xiǎowén de zìxíngchē xiū le.

(8) 我 把 重要 的文件 放 在电脑 (　　　　) 了。
Wǒ bǎ zhòngyào de wénjiàn fàng zài diànnǎo le.

(9) 我把 邮件和 照片 发 (　　　　) 李老师了。
Wǒ bǎ yóujiàn hé zhàopiàn fā Lǐ lǎoshī le.

(10) 孙 悟空把师父送（　　　）了西天。
Sūn Wùkōng bǎ shīfu sòng　　　le Xītiān.

3. 用"把"或"被"填空　Fill in the blanks with "把" or "被"

(1) 他（　　　）书 放 在 桌子上 了。
Tā　　　shū fàng zài zhuōzi shang le.

(2) 城市（　　　）海水淹没了。
Chéngshì　　　hǎishuǐ yānmò le.

(3) 人们 应该（　　　）地球保护 好。
Rénmen yīnggāi　　　dìqiú bǎohù hǎo.

(4) 他（　　　）汽车卖了。
Tā　　　qìchē mài le.

(5) 他（　　　）电视打开了。
Tā　　　diànshì dǎ kāi le.

(6) 杯子（　　　）小猫 碰 倒 了。
Bēizi　　　xiǎo māo pèng dǎo le.

(7) 这个电脑 坏 了，（　　　）它扔 了吧。
Zhè ge diànnǎo huài le,　　　tā rēng le ba.

(8) 要是你（　　　）汉字学好，就 能 看 中文 报纸了。
Yàoshi nǐ　　　Hànzì xué hǎo, jiù néng kàn Zhōngwén bàozhǐ le.

(9) 洗衣机（　　　）谁 弄 坏了？
Xǐyījī　　　shuí nòng huài le?

(10) 衣服（　　　）弄 脏 了，你（　　　）它洗一洗。
Yīfu　　　nòng zāng le, nǐ　　　tā xǐ yi xǐ.

4. 根据句子的意思，画线连接A栏和B栏相应的句子
Match the sentences in Group A with those in Group B according to the meanings

A	B
(1) 全球 气候 变 暖， Quánqiú qìhòu biàn nuǎn,	a 不得不离开自己的家。 bù dé bù líkāi zìjǐ de jiā.
(2) 海里的垃圾越来越多， Hǎi li de lājī yuèláiyuè duō,	b 冰 雪 都 融化 了。 bīng xuě dōu rónghuà le.
(3) 食品多得吃不了，人们 Shípǐn duō de chī bu liǎo, rénmen	c 地球是我们 的家。 dìqiú shì wǒmen de jiā.
(4) 海水 淹没了 城市，人们 Hǎishuǐ yānmò le chéngshì, rénmen	d 把 剩下 的 扔到垃圾箱里。 bǎ shèngxià de rēngdào lājīxiāng li.
(5) 我们 要把地球保护好，因为 Wǒmen yào bǎ dìqiú bǎohù hǎo, yīnwèi	e 海 水被污染了。 hǎishuǐ bèi wūrǎn le.

5. 用所给的汉字填空
Fill in the blanks with the given Chinese characters

(A)	社	学	了	速	扔	越	环	里	旧	下
	shè	xué	liǎo	sù	rēng	yuè	huán	lǐ	jiù	xià

我们的 1______会现在正在高 2______向前发展，科 3______技术水平也越来 4______高。食品多得吃不 5______，人们就把剩 6______的扔到垃圾箱 7______。手机、电脑、汽车 8______了，人们就把它们 9______了，再买新的。10______境就这样被污染了。

(B)	球	开	把	坏	冰	市	流	洋	于	被
	qiú	kāi	bǎ	huài	bīng	shì	liú	yáng	yú	bèi

因为全 1______气候变暖，所以 2______雪都融化了。3______是，很多雪水都 4______进了大海。结果，海水 5______一些海边的城 6______淹没了，很多人不得不离 7______自己的家。现在海 8______、空气和土地都 9______污染了，自然环境被破 10______了。

6. 听力练习 Listening comprehension

(1) A 手机坏了　B 手机旧了
(2) A 蓝的　B 红的
(3) A 在冰箱里　B 在垃圾箱里
(4) A 很干净　B 很脏
(5) A 气候变暖　B 是夏天

7. 课堂活动 Classroom activities

Talk about envoironmental problems with help of the pictures.

作业 Homework

1. 用所给的词把下面的句子翻译成汉语 Translate the following sentences into Chinese by using the given words

(1) These rivers are polluted.　污染
(2) The natural envoironment is damaged.　破坏
(3) He had to leave this place.　离开
(4) The earth should be well protected.　保护
(5) Global climate is getting hotter and hotter.　越来越

2. 写作练习 (300 汉字左右) Writing exercise

题目：环境问题
Topic: Environmental problems

附录 1　听力文本

Appendix 1　Listening Script

第一课

听力练习　Listening comprehension

1. 男：李老师给你发了电子邮件和一些照片，你收到了吗？
   女：我只收到了照片，没有收到邮件。
   问：女的收到了什么？
2. 男：你觉得这个地方的天气怎么样？
   女：夏天太热了，冬天太冷了，春天刮风，只有秋天的天气最舒服。
   问：女的最喜欢哪个季节？
3. 男：明天热吗？
   女：白天比较热，晚上15度。
   问：明天晚上天气怎么样？
4. 男：王先生家的小木屋在哪儿？
   女：在农村，旁边有森林，但没有湖。
   问：王先生的小木屋旁边有什么？
5. 男：这条大鱼重三公斤，小鱼多重？
   女：小鱼比大鱼轻一公斤。
   问：小鱼多重？

第二课

听力练习　Listening comprehension

1. 男：请问，去书店往西拐吗？　女：去饭店，往西拐；去书店，往东拐。
   问：去书店往哪儿拐？
2. 男：从学生宿舍到学校远吗？　女：很近，走路10分钟就到了。
   问：学生宿舍离学校远吗？
3. 男：你喜欢坐快车还是慢车？　女：我不喜欢慢车，因为在慢车上不能上网。
   问：在哪种火车上可以上网？
4. 男：现在是绿灯，我们开过去吧。　女：不行，前面堵车了。
   问：现在为什么不能开过去？
5. 男：从山上往下看，风景真美啊！　女：你看，孩子们也爬上来了。
   问：说话的人在哪儿？

第三课

听力练习 Listening comprehension

1. 男：李先生已经四十多岁了。 女：但是他看上去像三十多岁。
   问：李先生多大？
2. 男：你看这只猫，大大的，胖胖的，真可爱。 女：我看，它太胖了，得运动运动。
   问：男的喜欢这只猫吗？
3. 男：今天是阴历八月十四号，是中秋节吧？ 女：中秋节是阴历八月十五号，还有一天呢。
   问：今天是中秋节吗？
4. 男：中秋节那天人们做什么？
   女：吃月饼，看月亮，最重要的是全家人在一起。
   问：过中秋节最重要的是什么？
5. 男：人们为什么喜欢这个几千年前的故事？
   女：因为它太浪漫了！
   问：人们为什么喜欢这个故事？

第四课

听力练习 Listening comprehension

1. 男：现在年轻人喜欢旅行吗？ 女：不但年轻人喜欢旅行，而且老人也喜欢。
   问：谁喜欢旅行？
2. 男：大卫说汉语说得流利吗？ 女：比较流利，但是有一些口音。
   问：大卫的汉语怎么样？
3. 男：去中国以后，他的汉语水平提高了吗？ 女：他的汉语水平没有提高，但是体重提高了。
   问：他的汉语水平提高了吗？
4. 男：他做饭做得好吗？ 女：马马虎虎吧。
   问：他做饭做得怎么样？
5. 男：王先生说普通话说得怎么样？
   女：虽然他是上海人，可是没有上海口音，因为他在北京住了很多年了。
   问：王先生是北京人还是上海人？

第五课

听力练习 Listening comprehension

1. 男：这个箱子10公斤，你拿得了吗？ 女：没问题，当然可以。
   问：这个箱子女的拿得了吗？
2. 男：你看，这是今天的报纸，很有意思。 女：我没戴眼镜，看不清楚，不看了。
   问：女的为什么不看报纸？

3. 男：小姐，你买脸谱吗？ 女：五颜六色，真漂亮！我要两个。
问：女的要买几个脸谱？
4. 男：林达，这个汉字有什么意思？ 女：我不知道。连老师也不认识这个汉字。
问：林达觉得这个汉字怎么样？
5. 男：今天30度，太阳真好！ 女：30度，我受不了了。
问：女的喜欢今天的天气吗？

第六课

听力练习 Listening comprehension

1. 男：孩子们睡觉了吗？ 女：他们高兴得睡不着。
问：孩子们怎么样？
2. 女：你吃晚饭了吗？ 男：吃晚饭？现在我饿得能吃五个面包。
问：他吃晚饭了吗？
3. 男：男孩一般不爱吃西红柿。女孩呢？ 女：女孩不但爱吃西红柿，也爱吃鸡蛋。
问：女孩爱吃什么？
4. 男：她担心孩子们吗？ 女：不担心，可是她很关心孩子们。
问：她担心孩子们吗？
5. 男：星期天你干什么？ 女：想休息，但是我得加班。
问：星期天她干什么？

第七课

听力练习 Listening comprehension

1. 男：这儿的人都会跳舞吗？ 女：谁都不会。
问：这儿的人会跳舞吗？
2. 男：他天天去公园吗？ 女：除了下雨。
问：下雨时他去公园吗？
3. 男：你喜欢那个音乐吗？ 女：不喜欢，那个声音太大了，我的耳朵受不了。
问：女的为什么不喜欢那个音乐？
4. 男：我们什么时候见面？星期一还是星期二？ 女：什么时候都行。
问：他们哪天见面？
5. 男：今天晚上我们去哪儿玩？ 女：我哪儿都不想去。
问：女的晚上想干什么？

第八课

听力练习 Listening comprehension

1. 男:电影几点开始?
   女:7点开始。快点儿吧,我们要来不及了。
   男:还有20分钟才开始,我们来得及。
   问:男的觉得他们来得及吗?
2. 男:你的自行车怎么不在外面? 丢了吗?
   女:没有丢,被我弄坏了,送去修了。
   问:自行车怎么了?
3. 女:洗衣机、电视机,你会修哪个?
   男:不管哪个坏了,我都能修好。
   问:男的会修什么?
4. 男:我的衣服被小狗弄脏了。
   女:别急,用洗衣机洗一下吧。
   问:什么脏了?
5. 男:你怎么和朋友联系?
   女:平时用电脑,今天电脑坏了,我只好打电话。
   问:女的今天怎么和朋友联系?

第九课

听力练习 Listening comprehension

1. 男:那本小说看完了吗? 女:还有十多页。
   问:小说看完了吗?
2. 男:他好不容易挣了钱,买了车。 女:但是车被抢走了。
   问:什么被抢走了?
3. 男:他们现在住在哪儿?
   女:本来住在城里,后来去农村了。现在他们很喜欢那儿的生活。
   问:他们现在住在哪里?
4. 男:他打算和那个女人结婚吗? 女:虽然他不喜欢那个女人,但他不得不结婚。
   问:他打算结婚吗?
5. 男:祥子还想继续努力吗? 女:开始的时候他想努力,现在他已经没有信心了。
   问:现在他还想努力吗?

第十课

听力练习 Listening comprehension

1. 请把鸡蛋放在锅里，把锅放在火上。　问：把鸡蛋放在哪儿？
2. 请把牛肉放在冰箱里，把西红柿放在桌子上。　问：把牛肉放在哪儿？
3. 请把电脑放在这儿，把茶杯放在那儿。　问：把茶杯放在哪儿？
4. 请把盐放在牛排上，把牛排放在米饭上。　问：把盐放在哪儿？
5. 请把面包放在饭盒里，把西红柿放在碗里。　问：把西红柿放在哪儿？

第十一课

听力练习 Listening comprehension

1. 男：我想借一本《西游记》，可以吗？　女：可以，今天是10号，你30号还书。
   问：男的在干什么？
2. 男：我记得以前这里是一个医院。　女：是啊。后来我们把医院变成了公园。
   问：这里现在是什么？
3. 女：爸爸，这本书这么厚，难道你一天能看完吗？
   男：我能看完。书虽然很厚，但是很简单。
   问：孩子认为爸爸能看完这本书吗？
4. 男：你会查汉语词典吗？　女：我学习汉语，难道不会查汉语词典吗？
   问：女的会查汉语词典吗？
5. 男：读完这本汉语小说有很多困难吧？　女：困难可以克服，但我怕没有时间。
   问：女的怕什么？

第十二课

听力练习 Listening comprehension

1. 男：现在已经9点了，他们的航班还有20分钟就到了。
   女：接到他们后，我们坐地铁去城里。
   问：他们在哪儿？
2. 男：你姐姐是来这里旅游吗？　女：不是，我姐姐来这里开会，顺便看看我。
   问：姐姐来做什么？
3. 男：祝你们永远幸福，白头到老！　女：非常感谢！
   问：女的是什么人？
4. 女：马可，把你的车借我用一用吧。
   男：没问题，我刚把车擦了，看起来像新的一样。
   问：马可的汽车怎么样？

5. 男：你说把照片发给我，可是我没收到啊。
   女：哎呀，对不起，我刚才给朋友打电话，把这事忘了。
   问：女的忘记了什么？

第十三课

听力练习 Listening comprehension

1. 男：这件大衣怎么样？　女：虽然很厚，但是不暖和。
   问：这件大衣怎么样？
2. 男：昨天晚上的京剧怎么样？　女：非常精彩。
   问：女的觉得那个京剧怎么样？
3. 男：今天你有时间去骑马吗？　女：有，只要没有风，太阳出来了，我们就去。
   问：他们打算什么时候去骑马？
4. 男：电影马上就要开始了，我们得把手机关上。
   女：还有五分钟，我想去买一杯可乐。
   问：他们现在在哪儿？
5. 男：他觉得这个工作怎么样？　女：他对工作的地方不太满意，但对老板很满意。
   问：他对什么满意？

第十四课

听力练习 Listening comprehension

1. 男：你看，这是我的新手机。
   女：你的旧手机呢？ 坏了吗？
   男：没坏，太旧了。
   问：男的为什么买新手机？
2. 男：这两件大衣都不错。
   女：红的已经过时了，那件蓝的还很时尚。
   问：哪件大衣过时了？
3. 男：剩下的米饭呢？ 你没有扔到垃圾箱里吧？
   女：他们说要扔到垃圾箱里，但是我没有，我把它放到冰箱里了。
   问：剩下的米饭在哪儿？
4. 男：这条河以前很干净，河里的鱼很好吃。
   女：现在不行了，河水被污染了，很脏。
   问：现在这条河的河水怎么样？
5. 男：今年的春天真热，去年没有这么热。
   女：你难道不知道这是因为全球气候变暖吗？
   问：天气为什么这么热？

附录2 总词汇表

Appendix 2 Index of Vocabulary

A			
哎呀	āiyā	interjection to indicate surprise, complaints, impatience, pity, etc.	10
爱情	àiqíng	love	9
安排	ānpái	to arrange; arrangement	12
按照	ànzhào	according to	12
B			
把	bǎ	to be used to introduce an object of a verb in “把”sentences	10
白天	báitiān	day time	1
帮忙	bāng máng	to help	8
棒	bàng	stick, rod	11
饱	bǎo	full (with food)	4
保护	bǎohù	to protect	11
被	bèi	to be used in a passive sentence to introduce agent of an action	8
本来	běnlái	originally	8
比萨饼	bǐsàbǐng	Pizza	10
比赛	bǐsài	(of cultural, artistic, sport) competition; to compete	7
变	biàn	to change, to turn	1
变化	biànhuà	change	11
标准	biāozhǔn	standard	4
别提	biétí	Don't mention it	8
兵	bīng	soldier	9
并	bìng	used before “不/没有”to intensify negation	2
脖子	bózi	neck	13
不但	búdàn	not only	4
不管	bùguǎn	regardless	8
不仅	bùjǐn	not only	8
不幸	búxìng	unfortunate	9
C			
擦	cā	to wipe	12
猜	cāi	to guess	1
参加	cānjiā	to participate	4
查	chá	to consult (dictionary)	11
尝	cháng	to taste	3
场	chǎng	measure word (for recreational or sports activities, ...)	5
嫦娥	Cháng'é	Chang'e	3
吵	chǎo	noisy; to make noise	7
吵架	chǎo jià	to quarrel	13
炒	chǎo	to scramble, to fry	10
超人	chāorén	superman	6
超市	chāoshì	supermarket	6
诚实	chéngshí	honest	9
城市	chéngshì	city	1
出	chū	to appear	8
出差	chū chāi	go on a business trip	6
出现	chūxiàn	to appear	8

除了…以外	chúle ... yǐwài	apart from, except	7
传统	chuántǒng	tradition; traditional	12
窗户	chuānghu	window	2
吹	chuī	to blow	13
词语	cíyǔ	word, phrase	4
从来(不/没)	cónglái (bù/méi)	never	7

D

打	dǎ	to beat (egg)	10
打败	dǎbài	to defeat	11
大地	dàdì	land	13
大衣	dàyī	overcoat	13
戴	dài	to wear (eye glasses)	5
担心	dānxīn	to worry	5
当时	dāngshí	at that time	9
倒	dǎo	to fall down	8
到处	dàochù	everywhere	4
倒	dào	to pour	10
灯	dēng	lamp, light,	2
迪斯科	dísīkē	disco	7
迪厅	dítīng	disco hall	7
地球	dìqiú	the earth	14
地铁	dìtiě	metro, subway	2
弟子	dìzǐ	disciple	11
电视机	diànshìjī	TV set	8
电子邮件	diànzǐ yóujiàn	email	1
动	dòng	to move	5
冻	dòng	to freeze	13
堵车	dǔ chē	traffic jam	2
对面	duìmiàn	opposite	2
多么	duōme	How…!	3

E

饿	è	hungry	6
而且	érqiě	(not only ...) but also, additionally	4
耳朵	ěrduo	ear	7

F

发音	fāyīn	pronunciation	4
发展	fāzhǎn	to develop, development	14
翻译	fānyì	to translate; translator	11
饭盒	fànhé	lunch box	10
放心	fàng xīn	to set one's heart at ease	5
风景	fēngjǐng	scenery	2
佛经	fójīng	Buddhist Scriptures	11
附近	fùjìn	nearby	2

G

感到	gǎndào	to feel	7
感动	gǎndòng	emotionally moved	13
高速	gāosù	high speed	14
各种各样	gèzhǒng-gèyàng	all kinds of	5
根	gēn	measure word (stick, cigarette, etc.)	11
根本	gēnběn	(not) at all	13
公斤	gōngjīn	kilogram	1
公司	gōngsī	business firm	6
功夫	gōngfu	(Chinese) kungfu	5
姑娘	gūniang	girl	3
古老	gǔlǎo	ancient	5
拐	guǎi	to turn (to the left, right, etc.)	2
关	guān	to turn off, to close	13
关系	guānxi	relation	6
关心	guānxīn	to concern about	6
关于	guānyú	about	3
观众	guānzhòng	audience	13
锅	guō	pan, pot	10
国际	guójì	international	10
国家	guójiā	country	7
裹	guǒ	to wrap	13

过奖	guòjiǎng	to flatter	8
过时	guòshí	out of fashion	14

H

哈	hā	sound of laughter (onomatopoeia)	3
海洋	hǎiyáng	sea and ocean	14
害怕	hàipà	be afraid	11
寒	hán	cold	13
汗	hàn	sweat	8
航班	hángbān	flight	12
好几	hǎojǐ	quite a few	4
好像	hǎoxiàng	It seems that···	5
猴子	hóuzi	monkey	11
厚	hòu	thick	11
花	huā	to spend (time)	8
坏处	huàichù	harm, damage	14
还	huán	to return	11
换	huàn	to change (bus, train)	2
黄	huáng	yellow	1
回答	huídá	answer; to answer	2
会议	huìyì	conference, meeting	6
婚礼	hūnlǐ	wedding	12
活动	huódòng	activity; to move about	7

J

几乎	jīhū	almost	7
鸡蛋	jīdàn	(hen's) egg	6
吉利	jílì	auspicious	12
计划	jìhuà	to plan; plan	12
记(下来)	jì(xialai)	to note (down)	3
技术	jìshù	technique, skill	8
季节	jìjié	season	1
既然	jìrán	since	13
继续	jìxù	to continue	9
加班	jiā bān	to work overtime	6
家务	jiāwù	house work	6
价钱	jiàqián	price	5
交	jiāo	to make (friend)	4
交	jiāo	to assign (task)	12
交流	jiāoliú	to communicate, communication	4
简单	jiǎndān	simple	4
检票	jiǎn piào	to inspect ticket	2
接待	jiēdài	to treat (visitors)	12
街	jiē	street	2
结果	jiéguǒ	result	13
结婚	jié hūn	to marry	9
解决	jiějué	to solve (problem)	8
借	jiè	to lend, to borrow	11
金	jīn	golden, gold	13
紧	jǐn	tight	13
京剧	jīngjù	Beijing opera	5
经常	jīngcháng	often	6
经验	jīngyàn	experience (of happening)	12
精彩	jīngcǎi	splendid, wonderful	13
竟然	jìngrán	unexpectedly	10
旧	jiù	worn, used, old	14
救	jiù	to save	11
举行	jǔxíng	to hold (ceremony)	12
剧院	jùyuàn	opera house	5
据说	jùshuō	It is said that ...	5
聚会	jùhuì	to get together; party	10

K

开心	kāixīn	happy (enjoy doing something)	1
看上去	kàn shangqu	to look like	3
考虑	kǎolǜ	to consider, consideration	14
科学	kēxué	science	14
可不是	kěbúshi	exactly (in agreement with) others' opinions	13

可怜	kělián	poor; to feel pitiful for someone	9
可怕	kěpà	horrible	8
渴	kě	thirsty	6
克	kè	gram	1
克服	kèfú	to overcome (difficulty)	11
空气	kōngqì	air	7
恐怕	kǒngpà	be afraid	5
口音	kǒuyīn	accent	4
苦	kǔ	bitter	10
快车	kuàichē	fast /express train	2
宽	kuān	wide	4
困	kùn	sleepy	6
困难	kùnnan	difficulty	11

L

垃圾箱	lājīxiāng	trash can	14
拉	lā	to pull	9
辣	là	(of taste) hot	10
来不及	láibují	to have no time to get things done	8
浪漫	làngmàn	romantic	3
老板	lǎobǎn	boss	6
老鼠	lǎoshǔ	mouse	8
离开	líkāi	to leave (a place, someone)	14
礼貌	lǐmào	courtesy, politeness	13
理解	lǐjiě	to understand	6
厉害	lìhai	powerful, ferocious	13
俩	liǎ	two pieces	13
连(…也)	lián(...yě)	even	5
联系	liánxi	to contact; contact	8
脸	liǎn	face	8
脸谱	liǎnpǔ	facial makeup in operas or mask (in opera)	5
恋爱	liàn'ài	to be in love; love	12
凉快	liángkuai	cool	1
亮	liàng	bright, shining	2
了	liǎo	to be placed after "V+得" to indicate a possibility to complete an action	5
了解	liǎojiě	to know about	9
邻居	línjū	neighbor	7
另外	lìngwài	other; additionally	11
流	liú	(of water) to flow	13
流利	liúlì	fluent	4
乱	luàn	in disorder/chaos	9

M

马路	mǎlù	road	2
马马虎虎	mǎmǎhūhū	so so	4
满意	mǎnyì	satisfied, satisfying	13
慢车	mànchē	slow train	2
美丽	měilì	beautiful	3
美女	měinǚ	beauty	11
蜜月	mìyuè	honeymoon	12
名单	míngdān	name list	12
明白	míngbai	to understand	1

N

难道	nándào	an adverb used to make an emphatic rhetorical question	11
难过	nánguò	sad	9
年轻	niánqīng	young	4
牛	niú	cow	6
牛排	niúpái	steak	10
牛肉	niúròu	beef	6
农村	nóngcūn	countryside	1

弄	nòng	to do (to get sth. or sb. into a specific condition)	8

P

怕	pà	be afraid	1
盘子	pánzi	plate	6
跑步	pǎo bù	to jog	7
碰	pèng	to knock, bump into (sb.)	8
碰见	pèngjiàn	to meet (someone, something unexpectedly)	7
骗	piàn	to cheat	9
平时	píngshí	at usual times	7
破坏	pòhuài	to destroy, destruction	14
普通话	pǔtōnghuà	standard Chinese	4

Q

妻子	qīzi	wife	6
其实	qíshí	in fact	2
气候	qìhòu	climate	14
抢	qiǎng	to rob	9
切	qiē	to chop, cut	10
亲戚	qīnqì	relative	12
轻	qīng	(of weight) light	1
清楚	qīngchu	clear, clearly	5
晴	qíng	sunny	1
请假	qǐng jià	to ask for leave of absence	12
请柬	qǐngjiǎn	invitation card	12
秋天	qiūtiān	autumn	1
取	qǔ	to fetch	11
全球	quánqiú	the globe, the whole world	14
确定	quèdìng	to fix (time or place for a meeting); definice	12
群	qún	a group of	9

R

然后	ránhòu	then	10
热闹	rènao	bustling with noise and excitement	7
热情	rèqíng	warm-hearted	4
人力车	rénlìchē	rickshaw, two-wheeled vehicle drawn by man	9
人们	rénmen	people	1
人人	rénrén	everyone	4
人物	rénwù	character in novels, films and stories, etc.	11
认为	rènwéi	to think	5
扔	rēng	to throw away	14
日本	Rìběn	Japan	10
日子	rìzi	date (when an event takes place)	12
融化	rónghuà	to melt	14
软	ruǎn	soft	3

S

散步	sàn bù	to take a walk	1
山洞	shāndòng	cave	11
善良	shànliáng	kind	9
上班	shàng bān	to go to work	6
上网	shàng wǎng	to get on the Internet	2
上学	shàng xué	to go to school, (of children) start school	2
上衣	shàngyī	jacket, coat	7
社会	shèhuì	society	9
申请	shēnqǐng	to apply, application	4
深	shēn	deep	5
什么的	shénmede	and so on and so forth	1
生活	shēnghuó	life; to live (a life)	7

声音	shēngyīn	sound	7
剩下	shèngxià	remaining, to be left	14
师父	shīfu	a term of respect for a monk or nun	11
师傅	shīfu	master	8
十分	shífēn	very	13
时尚	shíshàng	fashionable	14
实现	shíxiàn	to realize	9
食品	shípǐn	food	14
市场	shìchǎng	market	5
事情	shìqing	thing, matter, affair	2
收	shōu	to receive (mail)	1
收拾	shōushi	to tidy (room)	12
手	shǒu	hand	2
首都	shǒudū	capital (of a country)	4
寿司	shòusī	sushi	10
受	shòu	to endure	5
瘦	shòu	thin, slim	3
暑假	shǔjià	summer vacation	4
暑期	shǔqī	summer period	4
竖	shù	to go upright	8
数字	shùzì	number, digit	12
帅	shuài	(of man) handsome	7
顺便	shùnbiàn	(do sth. without extra effort) in addition to what one is already doing, by the way	12
顺序	shùnxù	order (of processing)	10
死	sǐ	extremely, to die	1
酸	suān	sour	10
算	suàn	to count, to calculate	7
虽然	suīrán	although	1
孙女	sūnnü	granddaughter	3
孙悟空	Sūn Wùkōng	Monkey King	11
孙子	sūnzi	grandson	3
所	suǒ	measure word (institution)	4
所有	suǒyǒu	all	5

T

台	tái	measure word (computer, TV set, etc.)	8
抬	tái	to raise, to lift	13
太极拳	tàijíquán	Taijiquan (shadow boxing)	7
唐僧	Táng Sēng	a monk of Tang Dynasty, who travelled to India to study Buddhism	11
讨厌	tǎoyàn	nasty, disgusting; to dislike	13
特点	tèdiǎn	characteristic, feature	10
提高	tígāo	to improve	4
提前	tíqián	to shift to an earlier date, ahead of schedule	12
体育	tǐyù	physical training	7
体重	tǐzhòng	weight (of body)	4
跳	tiào	to jump	6
跳舞	tiào wǔ	to dance	3
铁	tiě	iron	11
同情	tóngqíng	to show sympathy, sympathy	9
同时	tóngshí	at the same time	14
同事	tóngshì	colleague	6
头	tóu	measure word (cow)	6
头发	tóufa	hair (on the head of human beings)	3

土地	tǔdì	land	14
兔子	tùzi	rabbit	3
脱	tuō	to take off, (clothes)	13
W			
完全	wánquán	totally	9
碗	wǎn	bowl	6
往	wǎng	towards (direction)	2
网站	wǎngzhàn	website	3
为了	wèile	in order to	9
味道	wèidao	taste	3
温度	wēndù	temperature	1
文化	wénhuà	culture	4
文件	wénjiàn	file	8
文章	wénzhāng	article (in newspaper or magazine)	4
闻	wén	to smell	3
蚊子	wénzi	mosquito	1
屋(子)	wū (zi)	hut, room	1
污染	wūrǎn	to pollute, pollution	14
五颜六色	wǔyán-liùsè	colorful	5
武打(戏)	wǔdǎ (xì)	an opera that consists of mainly fighting scenes	5
舞厅	wǔtīng	dance hall	7
X			
西红柿	xīhóngshì	tomato	6
西游记	Xīyóujì	Journey to the West (title of a novel)	11
希望	xīwàng	to hope	7
洗衣机	xǐyījī	washing machine	8
喜剧	xǐjù	comedy	2
戏	xì	opera (Beijing opera)	5
下班	xià bān	to go off work	6
咸	xián	salty	10
现代	xiàndài	modern time	9
香	xiāng	fragrant, good smell	3
箱子	xiāngzi	suitcase	5
向	xiàng	towards (direction)	3
像	xiàng	to resemble	3
消息	xiāoxi	news, information	12
小说	xiǎoshuō	novel	9
小心	xiǎoxīn	be careful, pay attention to	2
笑	xiào	to laugh, to smile	2
辛苦	xīnkǔ	hard (work, life)	9
新郎	xīnláng	bridegroom	12
新娘	xīnniáng	bride	12
新鲜	xīnxiān	fresh	6
信心	xìnxīn	confidence	9
幸福	xìngfú	happy, happiness	12
幸亏	xìngkuī	fortunately	11
修	xiū	to repair, to fix	8
Y			
淹没	yānmò	to flood, submerge	14
盐	yán	salt	10
颜色	yánsè	color	5
演员	yǎnyuán	actor, actress	2
眼睛	yǎnjing	eye	5
眼镜	yǎnjìng	eye glasses	5
宴会	yànhuì	banquet	10
阳光	yángguāng	sunlight	13
妖怪	yāoguài	monster	11
邀请	yāoqǐng	to invite, invitation	10
要是…的话	yàoshi...de huà	if	7
叶子	yèzi	(of tree) leaf	1
页	yè	page	9

一定	yídìng	surely	2
一切	yíqiè	every, all	1
艺术	yìshù	art	7
意大利	Yìdàlì	Italy	10
阴	yīn	cloudy	3
阴历	yīnlì	lunar calendar	3
饮料	yǐnliào	drinks	6
印象	yìnxiàng	impression	5
应该	yīnggāi	should	1
营养	yíngyǎng	nutrition	10
永远	yǒngyuǎn	for ever	12
勇敢	yǒnggǎn	brave	11
用力	yònglì	to exert oneself (physically)	13
油	yóu	oil (for cooking, cars,)	10
游客	yóukè	tourist	7
游戏	yóuxì	game	6
邮箱	yóuxiāng	mail box	1
有趣	yǒuqù	amusing	2
于是	yúshì	therefore	12
原谅	yuánliàng	to forgive; forgiveness	8
圆	yuán	round	3
愿望	yuànwàng	wish	9
月饼	yuèbing	moon cake	3
月亮	yuèliang	the moon	3
阅读	yuèdú	to read, reading	4
云	yún	cloud	3

Z

杂志	zázhì	magazine	4
灾害	zāihài	disaster	14
脏	zāng	dirty	8
窄	zhǎi	narrow	5
长	zhǎng	to grow	3
丈夫	zhàngfu	husband	6
着	zháo	to be placed after verbs to indicate that a purpose or result is attained.	6
照	zhào	to shine	13
照顾	zhàogù	to take care	6
照相	zhào xiàng	to take photo	6
照相机	zhàoxiàngjī	camera	6
这样	zhèyàng	in such way	5
针	zhēn	needle	11
整理	zhěnglǐ	to put (things) in order	12
正常	zhèngcháng	normal	10
正好	zhènghǎo	just	12
挣钱	zhèng qián	to earn money	9
之(一)	zhīyī	one of	11
值得	zhídé	to be worth	13
只要	zhǐyào	only if	13
至少	zhìshǎo	at least	2
中国城	Zhōngguóchéng	Chinatown	3
中秋	Zhōngqiū	Mid-autumn (festival)	3
终于	zhōngyú	finally	4
主要	zhǔyào	main	11
注意	zhùyì	to pay attention, to notice	5
祝贺	zhùhè	to congratulate	12
抓	zhuā	to catch	11
自然	zìrán	nature	14
走路	zǒu lù	to go on foot	2
作家	zuòjiā	writer, author	9
作品	zuòpǐn	works (book, painting, music, etc.)	9
作者	zuòzhě	writer/author of a book	9
座位	zuòwèi	seat	13

北大版海外汉语教材

LEARNING Chinese Overseas Textbook 3

海外汉语课本

WORKBOOK ON CHINESE CHARACTERS

汉字练习册

高明明　岑玉珍　编著
By Gao Mingming & Cen Yuzhen

北京大学出版社
PEKING UNIVERSITY PRESS

使用说明

本书是《海外汉语课本3》的配套汉字练习册，共14课。各课的练习有以下几个部分：

1. 描红练习

按照笔画的顺序练习写汉字，通过这种书写练习，使学生熟悉汉字的笔画及笔画顺序，从而有助于记住这个汉字。

2. 偏旁练习

了解偏旁部首的名称及含义，认出汉字中的偏旁，并能借助偏旁了解汉字的意思以及根据所给的偏旁和其他部件组成汉字。

3. 辨字练习

通过辨别字形相近的汉字使学生更准确地书写汉字并理解它们的字义。

4. 组字、组词练习

用偏旁和其他部件组成汉字，使学生熟悉汉字的结构并通过组词练习不断复习学过的汉字。

5. 综合练习

第七课和第十四课后有综合练习，内容是将每七课学过的主要汉字集中起来进行复习，以巩固学习效果。

编者

于赫尔辛基大学

Introduction

Workbook on Chinese Characters 3 is the companion exercise book of *Learning Chinese Overseas Textbook 3*. Workbook 3 consists of 14 lessons and each lesson contains the following exercises:

1. Exercise of trace writing

Students practise writing the characters by following the correct order. This kind of exercise enables students to become familiar with the strokes and their writing orders, which help them memorize Chinese characters.

2. Exercise of learning radicals

Students learn radicals in terms of their names and meanings as well as recognize them in characters so as to use radicals to understand meaning of characters. Students also learn to use radicals and other components to form the Chinese characters.

3. Exercise of distinguishing Chinese characters which have similar shapes

Students learn to distinguish Chinese characters which have similar shapes so as to write the characters correctly and understand their meanings as well.

4. Exercise of character formation and word formation

Students learn to become familiar with the formation of characters by using radicals and other components as well as learning the formation of compound word, in which they constantly review the characters they have learnt.

5. Comprehensive exercises

After Lesson Seven and Lesson Fourteen, there is a comprehensive exercise which includes the main Chinese characters of the previous seven lessons. It intends to offer a general review as well as to reinforce the achievement of the studies.

The Compilers

University of Helsinki

目录 Contents

第 1 课　Lesson 1 …… 1

第 2 课　Lesson 2 …… 5

第 3 课　Lesson 3 …… 9

第 4 课　Lesson 4 …… 13

第 5 课　Lesson 5 …… 17

第 6 课　Lesson 6 …… 21

第 7 课　Lesson 7 …… 25

综合复习(一)　General Review 1 …… 28

第 8 课　Lesson 8 …… 30

第 9 课　Lesson 9 …… 33

第 10 课　Lesson 10 …… 37

第 11 课　Lesson 11 …… 41

第 12 课　Lesson 12 …… 44

第 13 课　Lesson 13 …… 47

第 14 课　Lesson 14 …… 50

综合复习(二)　General Review 2 …… 53

第1课　Lesson 1

练习 Exercises

1. 写汉字

Write the following Chinese characters

rè
热

sǐ
死

shōu
收

pà
怕

qīng
轻

cāi
猜

nóng
农

wén
蚊

yè												
叶	叶	叶	叶	叶	叶							

yóu												
邮	邮	邮	邮	邮	邮	邮	邮					

qiū												
秋	秋	秋	秋	秋	秋	秋	秋	秋	秋			

jì												
季	季	季	季	季	季	季	季	季				

qíng												
晴	晴	晴	晴	晴	晴	晴	晴	晴	晴	晴	晴	晴

wēn												
温	温	温	温	温	温	温	温	温	温	温	温	温

liáng												
凉	凉	凉	凉	凉	凉	凉	凉	凉	凉	凉		

bù												
步	步	步	步	步	步	步	步					

2. 本课汉字的偏旁及其名称

The radicals of the Chinese characters in this lesson and their names

Radicals	Names of the radicals	Examples
虫	insect, worm	蚊

3. 用A组的偏旁与B组的汉字组字

Combine Group A with Group B to make Chinese characters

A

1	2	3	4	5	6
冫	冫	车	车	忄	虫

B

a	b	c	d	e	f
令	交	两	文	京	白

1 lěng	2 liáng	3 jiào	4 liàng	5 pà	6 wén

4. 用所给的汉字填空，注意相近汉字的区别

Fill in the blanks with the given Chinese characters. Pay attention to the difference in the Chinese characters which have similar shapes

(1) a 衣　b 农　　这是 nóng ____村人的 yī ____服。

(2) a 夏　b 复　　我 xià ____天 fù ____习汉语。

(3) a 层　b 屋　　这个小木 wū ____有两 céng ____。

(4) a 白　b 百　　一 bǎi ____个 bái ____天

(5) a 李　b 季　　lǐ ____老师喜欢这个 jì ____节。

5. 用所给的汉字组词

Make up words with the given Chinese characters

开	里	秋	子	晴	斤	天	件	白	话	箱	中
kāi	lǐ	qiū	zǐ	qíng	jīn	tiān	jiàn	bái	huà	xiāng	zhōng

(1) 明 míng （明____ 明____）

(2) 心 xīn （心____ ____心）

(3) 天 tiān （____天 ____天）

(4) 公 gōng （公____ 公____）

(5) 邮 yóu （邮____ 邮____）

(6) 电 diàn （电____ 电____）

第2课　Lesson 2

练习 Exercises

1. 写汉字

Write the following Chinese characters

màn

慢

huàn

换

pǎo

跑

dēng

灯

biàn

便

tiě

铁

jìn
近

guǎi
拐

wǎng
往

jù
剧

yǎn
演

yuán
员

dìng
定

qíng
情

dá
答

2. 用A组的偏旁与B组的汉字组字

Combine Group A with Group B to make Chinese characters

A

1	2	3	4	5	6
扌	扌	⺮	⺮	火	火

B

a	b	c	d	e	f
奂	丁	夭	页	另	合

1 huàn	2 guǎi	3 dá	4 xiào	5 dēng	6 fán

3. 用所给的汉字填空,注意相近汉字的区别

Fill in the blanks with the given Chinese characters. Pay attention to the difference in the Chinese characters which have similar shapes

(1) a 找　b 我　　wǒ ____ 正在 zhǎo ____ 我的手机。

(2) a 得　b 很　　hěn ____ 多人 děi ____ 说汉语。

(3) a 真　b 直　　他一 zhí ____ 是一个认 zhēn ____ 的学生。

(4) a 走　b 去　　我们 zǒu ____ 路 qù ____ 学校。

(5) a 往　b 住　　我 zhù ____ 在那儿,wǎng ____ 右拐是我家。

4. 用所给的汉字组词

Make up words with the given Chinese characters

铁	慢	马	趣	堵	方	走	红	名	黄	上去	上来
tiě	màn	mǎ	qù	dǔ	fāng	zǒu	hóng	míng	huáng	shàngqu	shànglai

(1) 地 dì （地____ 地____）

(2) 路 lù （____路 ____路）

(3) 有 yǒu （有____ 有____）

(4) 车 chē （____车 ____车）

(5) 灯 dēng （____灯 ____灯）

(6) 走 zǒu （走______ 走______）

第3课 Lesson 3

练习 Exercises

1. 写汉字

Write the following Chinese characters

wén
闻

xiāng
香

cháng
尝

ruǎn
软

yuán
圆

wèi
味

xiàng
像

yún

云云云云云

shòu

瘦瘦瘦瘦瘦瘦瘦瘦瘦瘦瘦瘦瘦

瘦瘦

yīn

阴阴阴阴阴阴阴

guān

关关关关关关关

yú

于于于于

měi

美美美美美美美美美美

bǐng

饼饼饼饼饼饼饼饼饼饼

tiào

跳跳跳跳跳跳跳跳跳跳跳跳跳

跳

2. 用A组的偏旁与B组的汉字组字

Combine Group A with Group B to make Chinese characters

A

1	2	3	4	5	6
子	子	禾	禾	阝	阝

B

a	b	c	d	e	f
亥	中	月	小	火	日

1 hái	2 sūn	3 zhǒng	4 qiū	5 yáng	6 yīn

3. 用所给的汉字填空，注意相近汉字的区别

Fill in the blanks with the given Chinese characters. Pay attention to the difference in the Chinese characters which have similar shapes

(1) a 于　b 干　　关yú ____这个gān ____净的湖，有个故事。

(2) a 阴　b 阳　　今天yīn ____天，没有太yáng ____。

(3) a 放　b 旅　　学校fàng ____假了，我们去lǚ ____行吧。

(4) a 轻　b 软　　这个月饼软ruǎn ____的，很qīng____。

(5) a 看　b 着　　你手里拿zhe ____什么？让我kàn ____一下。

4. 用所给的汉字组词

Make up words with the given Chinese characters

阴	兔	亮	闻	上	饼	孩	看	日	站	圆	长
yīn	tù	liàng	wén	shàng	bǐng	hái	kàn	rì	zhàn	yuán	cháng

(1) 月 yuè　（月____　月____）　　(2) 子 zǐ　（____子　____子）

(3) 历 lì (____历 ____历)　(4) 网 wǎng (网____ ____网)

(5) 的 de (____的 ____的)　(6) 起来 qǐlái (____起来 ____起来)

第4课 Lesson 4

练习 Exercises

1. 写汉字

Write the following Chinese characters

huà

话 话 话 话 话 话 话 话 话

bǎo

饱 饱 饱 饱 饱 饱 饱 饱 饱

liú

流 流 流 流 流 流 流 流 流 流 流

lì

利 利 利 利 利 利 利 利

ér

而 而 而 而 而 而 而

qiě

且 且 且 且 且 且

jiǎn

简 简 简 简 简 简 简 简 简 简 简 简 简

简

dān
单 单 单 单 单 单 单 单 单

zhōng
终 终 终 终 终 终 终 终 终

chù
处 处 处 处 处 处

pǔ
普 普 普 普 普 普 普 普 普 普 普 普 普

biāo
标 标 标 标 标 标 标 标 标 标

shēn
申 申 申 申 申 申

huà
化 化 化 化 化

zá
杂 杂 杂 杂 杂 杂 杂

2. 用A组的偏旁与B组的汉字组字

Combine Group A with Group B to make Chinese characters

A

1	2	3	4	5	6
艹	艹	忄	忄	宀	宀

B

a	b	c	d	e	f
央	董	元	青	各	采

1 yīng	2 cài	3 qíng	4 dǒng	5 wán	6 kè

3. 用所给的汉字填空，注意相近汉字的区别

Fill in the blanks with the given Chinese characters. Pay attention to the difference in the Chinese characters which have similar shapes

(1) a 处　b 外　　去wài ____国旅行对学习语言有好chù ____。

(2) a 雨　b 而　　不但有风，ér ____且下yǔ ____。

(3) a 菜　b 茶　　他喜欢吃中国cài ____，喝绿chá ____。

(4) a 发　b 友　　朋yǒu ____常给他fā ____短信。

(5) a 学　b 字　　我xué ____习写汉zì ____。

4. 用所给的汉字组词

Make up words with the given Chinese characters

暑	人	章	流	气	放	口	通	化	发	普通	上海
shǔ	rén	zhāng	liú	qì	fàng	kǒu	tōng	huà	fā	pǔtōng	shànghǎi

(1) 假 jià （____假　____假）　　(2) 文 wén （文____　文____）

(3) 客 kè （客____ 客____） (4) 话 huà （____话 ____话）

(5) 音 yīn （____音 ____音） (6) 交 jiāo （交____ 交____）

第5课 Lesson 5

练习 Exercises

1. 写汉字

Write the following Chinese characters

shēn												
深	深	深	深	深	深	深	深	深	深	深	深	

shòu												
受	受	受	受	受	受	受	受	受				

mài												
卖	卖	卖	卖	卖	卖	卖	卖	卖				

lián												
连	连	连	连	连	连	连	连					

liǎn												
脸	脸	脸	脸	脸	脸	脸	脸	脸	脸	脸	脸	

yǎn												
眼	眼	眼	眼	眼	眼	眼	眼	眼	眼	眼	眼	

jīng												
睛	睛	睛	睛	睛	睛	睛	睛	睛	睛	睛	睛	睛
	睛											

qīng
清清清清清清清清清清清清

gōng
功功功功功功

qiè
切切切切切

yìn
印印印印印印

gè
各各各各各各各

suǒ
所所所所所所所所所

xiāng
箱箱箱箱箱箱箱箱箱箱箱箱箱
箱箱箱

dān
担担担担担担担担担

2. 用A组的偏旁与B组的汉字组字

Combine Group A with Group B to make Chinese characters

A

1	2	3	4	5	6
⺮	⺮	攵	攵	氵	氵

B

a	b	c	d	e	f
间	主	青	孝	方	相

1 jiǎn	2 xiāng	3 jiāo	4 fàng	5 zhù	6 qīng

3. 用所给的汉字填空，注意相近汉字的区别

Fill in the blanks with the given Chinese characters. Pay attention to the difference in the Chinese characters which have similar shapes

(1) a 实　b 卖　　其 shí ____，他 mài ____ 的花很漂亮。

(2) a 据　b 剧　　jù ____ 说，他很喜欢京 jù ____。

(3) a 切　b 功　　我喜欢一 qiè ____ gōng ____ 夫。

(4) a 受　b 爱　　他不 ài ____ 我，我 shòu ____ 不了了。

(5) a 剧　b 别　　在家看电视吧，bié ____ 去 jù ____ 院了。

4. 用所给的汉字组词

Make up words with the given Chinese characters

喜	镜	老	为	睛	京	定	据	代	识	听	切
xǐ	jìng	lǎo	wéi	jīng	jīng	dìng	jù	dài	shí	tīng	qiè

(1) 剧 jù （____ 剧　____ 剧）　(2) 古 gǔ （古 ____　古 ____）

(3) **眼** yǎn （眼____　眼____）　(4) **认** rèn （认____　认____）

(5) **说** shuō （____说　____说）　(6) **一** yī （一____　一____）

第6课 Lesson 6

练习 Exercises

1. 写汉字

Write the following Chinese characters

è

饿饿饿饿饿饿饿饿饿饿饿

kě

渴渴渴渴渴渴渴渴渴渴渴渴渴

kùn

困困困困困困困困

tóu

头头头头头头

niú

牛牛牛牛牛

gōng

公公公公公

jiā

加加加加加加

bān

班班班班班班班班班班班

guān

关关关关关关关

xì

系系系系系系系系

chāo

超超超超超超超超超超超超超

fū

夫夫夫夫夫

qī

妻妻妻妻妻妻妻妻妻

lǐ

理理理理理理理理理理理理

yǐn

饮饮饮饮饮饮饮饮

xiān

鲜鲜鲜鲜鲜鲜鲜鲜鲜鲜鲜鲜鲜

鲜鲜

2. 本课汉字的偏旁及其名称

The radicals of the Chinese characters in this lesson and their names

Radicals	Names of the radicals	Examples
(1) 石	stone	碗
(2) 皿	container	盘

3. 用A组的偏旁与B组的汉字组字

Combine Group A with Group B to make Chinese characters

A

1	2	3	4	5	6
走	走	石	饣	皿	广

B

a	b	c	d	e	f
召	我	已	舟	隶	宛

1 chāo	2 qǐ	3 wǎn	4 è	5 pán	6 kāng

4. 用所给的汉字填空，注意相近汉字的区别

Fill in the blanks with the given Chinese characters. Pay attention to the difference in the Chinese characters which have similar shapes

(1) a 牛 b 午 今天中wǔ ____我们吃niú ____肉。

(2) a 饭 b 板 老bǎn ____要请我们吃fàn ____。

(3) a 米 b 半 这儿有bàn ____碗mǐ ____饭。

(4) a 夫 b 关 她很guān ____心她丈fu ____。

(5) a 同 b 司 这位sī ____机是我的tóng ____事。

5. 用所给的汉字组词

Make up words with the given Chinese characters

家	师	加	担	板	事	关	来	人	上	学	务
jiā	shī	jiā	dān	bǎn	shì	guān	lái	rén	shàng	xué	wù

(1) 回 huí （回____ 回____）

(2) 心 xīn （____心 ____心）

(3) 老 lǎo （老____ 老____）

(4) 同 tóng （同____ 同____）

(5) 班 bān （____班 ____班）

(6) 家 jiā （家____ 家____）

第7课 Lesson 7

练习 Exercises

1. 写汉字

Write the following Chinese characters

shuài
帅

chǎo
吵

xī
希

wàng
望

pèng
碰

yì
艺

shù
术

chú
除

shēng
声

ěr
耳

hū
乎

jū
居

gǎn
感

píng
平

2. 用A组的偏旁与B组的汉字组字

Combine the radicals in Group A with the characters in Group B to make characters

A

1	2	3	4	5	6
阝	阝	宀	宀	石	口

B

a	b	c	d	e	f
余	並	各	少	令	豕

1 chú	2 lín	3 jiā	4 kè	5 pèng	6 chǎo

3. 用所给的汉字填空，注意相近汉字的区别

Fill in the blanks with the given Chinese characters. Pay attention to the difference in the Chinese characters which have similar shapes

(1) a 帅　b 师　　那位老 shī ____ 很 shuài ____。

(2) a 比　b 北　　他们在 běi ____ 京 bǐ ____ 赛。

(3) a 居　b 店　　我的邻 jū ____ 在商 diàn ____ 工作。

(4) a 乎　b 平　　他 píng ____ 时几 hū ____ 不散步。

(5) a 岁　b 多　　这孩子今年 duō ____ 大？两 suì ____。

4. 用所给的汉字组词

Make up words with the given Chinese characters

散	跳	泳	运	厅	跑	声	客	空	活	口	天
sàn	tiào	yǒng	yùn	tīng	pǎo	shēng	kè	kōng	huó	kǒu	tiān

(1) 步 bù　（____步　____步）

(2) 舞 wǔ　（____舞　舞____）

(3) 动 dòng　（____动　____动）

(4) 音 yīn　（____音　____音）

(5) 游 yóu　（游____　游____）

(6) 气 qì　（____气　____气）

综合复习(一) General Review 1

1. 读出下列词语并说出它们的意思
Read aloud the following words and tell the meanings

	A	B	C	D	E	F	G	H
(1)	轻	重	圆	香	软	瘦	黄	像
(2)	宽	窄	深	渴	饿	饱	困	吵
(3)	收	怕	变	跑	猜	换	笑	凉快
(4)	记	尝	闻	受	动	算	注意	西红柿
(5)	拐	往	向	附近	到处	对面	马路	中国城
(6)	秋天	季节	晴天	树叶	白天	阴天	温度	电子邮件
(7)	街	云	月亮	味道	孙子	孙女	网站	邮箱
(8)	美丽	新鲜	古老	年轻	简单	清楚	流利	交流
(9)	热情	热闹	有趣	所有	过节	碰到	水平	提高
(10)	其实	上网	上学	散步	跑步	跳舞	参加	普通话
(11)	地铁	堵车	快车	慢车	灯	窗户	首都	照相机
(12)	事情	活动	文化	艺术	体育	邻居	空气	各种各样
(13)	演员	京剧	印象	生活	口音	发音	标准	马马虎虎
(14)	眼睛	眼镜	箱子	国家	认为	比赛	感到	五颜六色
(15)	公司	老板	同事	关系	丈夫	妻子	家务	要是……的话
(16)	超市	鸡蛋	牛肉	面条	担心	关心	小心	不但……，而且
(17)	上班	下班	加班	好像	据说	希望	并	虽然……，但是
(18)	经常	平时	一定	几乎	从来	终于	至少	除了……，都/也

2. 用所给的词语填空 Fill in the blanks with the given words

①困	②变	③深	④尝	⑤饿	⑥往	⑦收	⑧面
⑨附近	⑩对面	⑪孙子	⑫季节	⑬白天	⑭味道	⑮秋天	⑯邮件
⑰漂亮	⑱眼睛	⑲散步	⑳年轻	㉑跳舞	㉒清楚	㉓从来	㉔水平
㉕地铁	㉖文化	㉗空气	㉘各种	㉙口音	㉚家务	㉛关系	㉜发音
㉝热情	㉞牛肉	㉟加班	㊱流利	㊲虽然	㊳除了	㊴马路	㊵但是

(1) 一年有四个______ jìjié，我最喜欢______ qiūtiān，因为每天都是晴天。
(2) 十月的北京城，树上的叶子都______ biàn红了，______ piàoliang极了。
(3) 这个月饼圆圆的，又软又香，______ wèidào不错，你______ cháng一下吧！
(4) ______ chúle下雨，老王每天都去公园______ sànbù或者跑步。
(5) 中国的______ niánqīng人都很______ rèqíng，他们喜欢和外国人交流。
(6) 这个人说英语不但没有______ kǒuyīn，而且______ fāyīn很标准。
(7) 他______ suīrán不懂京剧，______ dànshì他很喜欢听京剧的音乐。
(8) ______ wǎng右拐，你就能看见一个学校，学校______ duìmiàn是一个公园。
(9) 我家______ fùjìn有一个大超市，里面有______ gèzhǒng各样的东西。
(10) 男孩平时爱吃______ niúròu，女孩爱吃西红柿______ miàn。
(11) 王先生是大公司的老板，今天他工作了一天，现在又______ è又______ kùn。
(12) 他的汉语______ shuǐpíng提高得很快，现在说汉语说得很______ liúlì。
(13) 因为丈夫几乎每天______ jiābān，所以妻子做______ jiāwù。
(14) 我的______ yǎnjing不好，要是不戴眼镜，就看不______ qīngchu。
(15) 中秋节时，奶奶给______ sūnzi讲故事，希望他学习中国______ wénhuà。
(16) 早上______ kōngqì新鲜，很多人在活动，______ tiàowǔ、唱歌什么的。
(17) 我给朋友发电子______ yóujiàn，可是他没有______ shōu到。
(18) 我对北京的印象很______ shēn，______ mǎlù很宽，但汽车太多了，经常堵车。
(19) 这里很热，______ báitiān最高温度38度，______ cónglái不下雨。
(20) 我和同事______ guānxi不错，我们经常一起坐______ dìtiě上班。

第8课 Lesson 8

练习 Exercises

1. 写汉字

Write the following Chinese characters

bèi
被

nòng
弄

hàn
汗

dǎo
倒

zāng
脏

xiū
修

jì
技

shù
术

jǐn

仅仅仅仅仅

guǎn

管管管管管管管管管管管管管

管管

jué

决决决决决决决

yuán

原原原原原原原原原原原

liàng

谅谅谅谅谅谅谅谅谅谅谅

lián

联联联联联联联联联联联联联

2. 用A组的偏旁与B组的汉字组字

Combine the radicals in Group A with the characters in Group B to make characters

A

1	2	3	4	5	6
扌	扌	亻	亻	亻	亻

B

a	b	c	d	e	f
支	到	象	又	是	牛

1 jì	2 tí	3 jǐn	4 xiàng	5 jiàn	6 dǎo

3. 用所给的汉字填空，注意相近汉字的区别

Fill in the blanks with the given Chinese characters. Pay attention to the difference in the Chinese characters which have similar shapes

(1) a 本 b 木 běn ____来这里有很多树 mù ____。

(2) a 东 b 车 汽 chē ____在马路 dōng ____边。

(3) a 方 b 万 有几 wàn ____人去过那个美丽的地 fāng ____。

(4) a 凉 b 谅 请原 liàng ____，咖啡 liáng ____了。

(5) a 问 b 间 一个关于时 jiān ____的 wèn ____题。

4. 用所给的汉字组词

Make up words with the given Chinese characters

出	文	怕	邮	在	但	关	是	联	仅	电视	洗衣
chū	wén	pà	yóu	zài	dàn	guān	shì	lián	jǐn	diànshì	xǐyī

(1) 现 xiàn (____现 现____) (2) 机 jī (____机 ____机)

(3) 件 jiàn (____件 ____件) (4) 系 xì (____系 ____系)

(5) 可 kě (可____ 可____) (6) 不 bù (不____ 不____)

第九课 Lesson 9

练习 Exercises

1. 写汉字

Write the following Chinese characters

lā												
拉	拉	拉	拉	拉	拉	拉	拉	拉				

piàn												
骗	骗	骗	骗	骗	骗	骗	骗	骗	骗	骗	骗	骗

xīn												
辛	辛	辛	辛	辛	辛	辛	辛					

kǔ												
苦	苦	苦	苦	苦	苦	苦	苦	苦				

zuò												
作	作	作	作	作	作	作	作					

pǐn												
品	品	品	品	品	品	品	品	品	品			

xìng												
幸	幸	幸	幸	幸	幸	幸	幸	幸				

yuàn
愿

wàng
望

chéng
诚

shí
实

jié
结

hūn
婚

jì
继

xù
续

2. 用A组的偏旁与B组的汉字组字

Combine the radicals in Group A with the characters in Group B to make characters

A

1	2	3	4	5	6
扌	扌	艹	艹	纟	纟

B

a	b	c	d	e	f
立	化	冬	古	争	吉

1 lā	2 zhèng	3 kǔ	4 huā	5 zhōng	6 jié

3. 用所给的汉字填空,注意相近汉字的区别

Fill in the blanks with the given Chinese characters. Pay attention to the difference in the Chinese characters which have similar shapes.

(1) a 容　b 客　　请kè ____人吃饭不róng ____易。

(2) a 辛　b 亲　　父qīn ____的工作很xīn ____苦。

(3) a 原　b 愿　　这是他yuán ____来的yuàn ____望。

(4) a 卖　b 买　　他mài ____了旧车,mǎi ____了一辆新车。

(5) a 去　b 丢　　qù ____年我diū ____了一辆汽车。

4. 用所给的汉字组词

Make up words with the given Chinese characters

画	希	诚	专	现	者	愿	爱	了	同	品	因
huà	xī	chéng	zhuān	xiàn	zhě	yuàn	ài	le	tóng	pǐn	yīn

(1) 家 jiā （____家　____家）　(2) 望 wàng （____望　____望）

(3) 作 zuò （作____　作____）　(4) 为 wèi （____为　为____）

(5) 实 shí （____实　实____）　(6) 情 qíng （____情　____情）

第10课 Lesson 10

练习 Exercises

1. 写汉字

Write the following Chinese characters

bǎ
把

chǎo
炒

qiē
切

dào
倒

yóu
油

xián
咸

jì
际

rán

然

shùn

顺

xù

序

yǎng

养

yāo

邀

jù

聚

jìng

竟

2. 用A组的偏旁与B组的汉字组字

Combine the radicals in Group A with the characters in Group B to make characters

A

1	2	3	4	5	6
扌	扌	阝	阝	亻	亻

B

a	b	c	d	e	f
巴	到	又	非	者	示

1 bǎ	2 pái	3 jì	4 dōu	5 jǐn	6 dào

3. 用所给的汉字填空,注意相近汉字的区别

Fill in the blanks with the given Chinese characters. Pay attention to the difference in the Chinese characters which have similar shapes

(1) a 大　b 太　　这个dà ____ 房子tài ____ 好了!

(2) a 备　b 各　　我给客人准bèi ____ 了gè ____ 种茶。

(3) a 自　b 白　　bái ____ 天我zì ____ 己在家。

(4) a 到　b 倒　　把油dào ____ 在这儿,把盐放dào ____ 那儿。

(5) a 会　b 全　　quán ____ 家人都来聚huì ____ 了。

4. 用所给的汉字组词

Make up words with the given Chinese characters

聚	最	正	味	开	情	经	际	然	知	家	闹
jù	zuì	zhèng	wèi	kāi	qíng	jīng	jì	rán	zhī	jiā	nào

(1) 会 huì （____会　____会）　(2) 后 hòu （____后　____后）

(3) 常 cháng （____常　____常）　(4) 道 dào （____道　____道）

(5) 国 guó （国____　国____）　(6) 热 rè （热____　热____）

第11课 Lesson 11

练习 Exercises

1. 写汉字

Write the following Chinese characters

hòu

厚

chá

查

jiè

借

jiù

救

qǔ

取

gēn

根

zhī

之

huà

化

yì
译

nán
难

bǎo
保

lìng
另

hài
害

gǎn
敢

2. 用A组的偏旁与B组的汉字组字

Combine the radicals in Group A with the characters in Group B to make characters

A

1	2	3	4	5	6
耳	耳	氵	氵	亻	亻

B

a	b	c	d	e	f
总	呆	去	昔	又	同

1 cōng	2 qǔ	3 dòng	4 fǎ	5 bǎo	6 jiè

3. 用所给的汉字填空,注意相近汉字的区别

Fill in the blanks with the given Chinese characters. Pay attention to the difference in the Chinese characters which have similar shapes

(1) a 敢　b 取　　他很勇 gǎn ____,帮师父 qǔ ____到了佛经。

(2) a 典　b 共　　我一gòng ____有三本词 diǎn ____。

(3) a 岛　b 鸟　　dǎo ____上有很多 niǎo____。

(4) a 亏　b 号　　幸 kuī ____我知道他的电话 hào ____码。

(5) a 困　b 因　　我得努力,yīn ____为有很多 kùn ____难。

4. 用所给的汉字组词

Make up words with the given Chinese characters

女	道	主	丽	变	困	办	文	古	重	词	方
nǚ	dào	zhǔ	lì	biàn	kùn	bàn	wén	gǔ	zhòng	cí	fāng

(1) **美** měi (美　　美　　)　　(2) **难** nán (　　难　难____)

(3) **要** yào (____要　____要)　　(4) **化** huà (____化　____化)

(5) **典** diǎn (____典　____典)　　(6) **法** fǎ (____法　____法)

第12课 Lesson 12

练习 Exercises

1. 写汉字

Write the following Chinese characters

dài
待

shí
拾

lǐ
理

zhù
祝

hè
贺

yǒng
永

liàn
恋

yàn
验

shùn

顺 顺 顺 顺 顺 顺 顺 顺 顺 顺

lǐ

礼 礼 礼 礼 礼 礼

pái

排 排 排 排 排 排 排 排 排 排 排 排

xiāo

消 消 消 消 消 消 消 消 消 消 消

jí

吉 吉 吉 吉 吉 吉 吉

jì

计 计 计 计 计

huà

划 划 划 划 划 划 划

2. 用A组的偏旁与B组的汉字组字

Combine the radicals in Group A with the characters in Group B to make characters

A

1	2	3	4	5	6
心	心	攵	攵	亻	亻

B

a	b	c	d	e	f
自	娄	更	专	亦	求

1 xī	2 liàn	3 jiù	4 shǔ	5 biàn	6 chuán

3. 用所给的汉字填空，注意相近汉字的区别

Fill in the blanks with the given Chinese characters. Pay attention to the difference in the Chinese characters which have similar shapes

(1) a 句　b 包　　你说对一个 jù ____子，吃一个 bāo ____子。

(2) a 候　b 猴　　hóu ____子有时 hòu ____很聪明。

(3) a 交　b 父　　把这个东西 jiāo ____给我 fù ____亲。

(4) a 母　b 每　　měi ____个人都有 mǔ ____亲。

(5) a 夫　b 天　　她每 tiān ____给丈 fū ____做饭。

4. 用所给的汉字组词

Make up words with the given Chinese characters

决	亏	好	福	前	恋	确	郎	序	娘	高	便
jué	kuī	hào	fú	qián	liàn	què	láng	xù	niáng	gāo	biàn

(1) 定 dìng (____定　____定)　　(2) 幸 xìng (幸____　幸____)

(3) 爱 ài (爱____　____爱)　　(4) 新 xīn (新____　新____)

(5) 顺 shùn (顺____　顺____)　　(6) 提 tí (提____　提____)

第13课 Lesson 13

练习 Exercises

1. 写汉字

Write the following Chinese characters

liú
流

hán
寒

chuī
吹

tuō
脱

cǎi
彩

guān
观

zhòng
众

zuò
座

mǎn
满

gēn
根

tǎo
讨

yàn
厌

lì
厉

jīn
金

guāng
光

2. 用A组的偏旁与B组的汉字组字
Combine the radicals in Group A with the characters in Group B to make characters

A

1	2	3	4	5	6
彡	彡	冫	冫	厂	厂

B

a	b	c	d	e	f
采	令	犬	景	万	东

1 cǎi	2 yǐng	3 dòng	4 lěng	5 yàn	6 lì

3. 用所给的汉字填空，注意相近汉字的区别

Fill in the blanks with the given Chinese characters. Pay attention to the difference in the Chinese characters which have similar shapes

(1) a 根　b 跟　　我 gēn ____ 本不想 gēn ____ 你去。

(2) a 寒　b 赛　　太阳和 hán ____ 风比 sài ____。

(3) a 炒　b 吵　　别 chǎo ____ 架了，快 chǎo ____ 菜吧。

(4) a 厉　b 历　　他很 lì ____ 害，是 lì ____ 史专家。

(5) a 脱　b 说　　他 shuō ____ 不能 tuō ____ 衣服。

4. 用所给的汉字组词

Make up words with the given Chinese characters

结	虽	貌	光	来	物	水	动	既	根	觉	太
jié	suī	mào	guāng	lái	wù	shuǐ	dòng	jì	gēn	jué	tài

(1) 果 guǒ　(____ 果　____ 果)　　(2) 礼 lǐ　(礼 ____　礼 ____)

(3) 然 rán　(____ 然　____ 然)　　(4) 本 běn　(本 ____　____ 本)

(5) 感 gǎn　(感 ____　感 ____)　　(6) 阳 yáng　(____ 阳　阳 ____)

第14课　Lesson 14

练习 Exercises

1. 写汉字

Write the following Chinese characters

rēng
扔

jiù
旧

shàng
尚

kē
科

shí
食

lā
垃

jī
圾

wū
污

rǎn
染

lǜ
虑

pò
破

sù
速

shèng
剩

yáng
洋

tǔ
土

2. 用A组的偏旁与B组的汉字组字

Combine the radicals in Group A with the characters in Group B to make characters

A

1	2	3	4	5	6
氵	氵	土	土	辶	辶

B

a	b	c	d	e	f
羊	立	東	亏	车	及

1 yáng	2 wū	3 lā	4 jī	5 sù	6 lián

3. 用所给的汉字填空，注意相近汉字的区别

Fill in the blanks with the given Chinese characters. Pay attention to the difference in the Chinese characters which have similar shapes.

(1) a 考　b 老　　lǎo ____人常常 kǎo ____虑很多问题。

(2) a 办　b 力　　他努 lì ____想 bàn ____法。

(3) a 化　b 什　　为____ shén 么冰雪都____ huà 了？

(4) a 高　b 亮　　穿上漂 liàng ____的衣服，她很 gāo ____兴。

(5) a 坏　b 环　　地球的 huán ____境被人们破 huài ____了。

4. 用所给的汉字组词

Make up words with the given Chinese characters

然	试	时	虑	球	好	己	过	气	家	同	坏
rán	shì	shí	lǜ	qiú	hǎo	jǐ	guò	qì	jiā	tóng	huài

(1) 自 zì （自____　自____）　　(2) 候 hòu （____候　____候）

(3) 考 kǎo （考____　考____）　　(4) 时 shí （____时　____时）

(5) 全 quán （全____　全____）　　(6) 处 chù （____处　____处）

综合复习(二) General Review 2

1. 读出下列词语并说出它们的意思

Read aloud the following words and tell the meanings

	A	B	C	D	E	F	G	H
(1)	被	弄	查	修	炒	倒	救	把
(2)	吹	脱	擦	扔	照	关	流	抬
(3)	油	盐	脸	汗	借	还	取	台
(4)	拉	骗	切	交	厚	旧	乱	根
(5)	亮	脏	咸	苦	俩	诚实	满意	洗衣机
(6)	小说	作者	作家	作品	文件	现代	技术	航班
(7)	变化	大衣	结果	阳光	社会	爱情	幸福	恋爱
(8)	数字	新郎	新娘	蜜月	愿望	名单	亲戚	婚礼
(9)	传统	信心	困难	消息	经验	礼貌	座位	吉利
(10)	聚会	宴会	营养	特点	坏处	地球	全球	土地
(11)	高速	科学	自然	海洋	食品	垃圾	污染	剩下
(12)	难过	辛苦	主要	正常	可怜	可怕	勇敢	破坏
(13)	厉害	精彩	时尚	过时	联系	帮忙	邀请	离开
(14)	请假	原谅	实现	同情	了解	克服	害怕	同时
(15)	整理	收拾	顺便	计划	提前	安排	举行	接待
(16)	结婚	翻译	出现	保护	讨厌	考虑	感动	祝贺
(17)	按照	发展	不管	为了	然后	当时	完全	只要
(18)	本来	另外	永远	根本	竟然	十分	正好	难道

2. 用所给的词语填空　Fill in the blanks with the given words

①还	②油	③救	④把	⑤借	⑥关	⑦扔	⑧弄
⑨诚实	⑩满意	⑪作品	⑫可怜	⑬吉利	⑭技术	⑮亲戚	⑯脏
⑰座位	⑱海洋	⑲辛苦	⑳婚礼	㉑顺便	㉒经验	㉓礼貌	㉔特点
㉕根本	㉖联系	㉗离开	㉘实现	㉙自然	㉚请假	㉛困难	㉜安排
㉝计划	㉞收拾	㉟结婚	㊱保护	㊲感动	㊳永远	㊴提前	㊵愿望

(1) 这台电脑被______ nòng坏了，我不能上网和朋友______ liánxi，得请人来修。
(2) 按照传统，______ hūnlǐ在饭店举行，新郎、新娘邀请很多______ qīnqi朋友。
(3) 这个菜的______ tèdiǎn是盐少，______ yóu少，是健康食品。
(4) 空气、土地和______ hǎiyáng被污染了，______ zìrán环境完全被破坏了。
(5) 祥子的______ yuànwàng很小，但是在那个社会，他没办法______ shíxiàn。
(6) 李老师很有______ jīngyàn，不管学生有什么______ kùnnan，他都能帮他们解决。
(7) 人们______ jiéhūn时，朋友常说祝贺的话："祝你们______ yǒngyuǎn幸福！"
(8) 这个作家有很多______ zuòpǐn，其中一本小说把我______ gǎndòng得流眼泪了。
(9) 这件厚大衣虽然旧了，但还能穿，别______ bǎ它______ rēng到垃圾箱里去。
(10) 他们______ jìhuà去欧洲度蜜月，______ shùnbiàn去看几个好朋友。
(11) 这个房间又______ zāng又乱，你把它______ shōushi一下，把东西整理好。
(12) 你能把词典______ jiè给我用一下吗？我查一个字，一会儿______ huán给你。
(13) 他非常有______ lǐmào，把自己的______ zuòwèi让给了一位老人。
(14) 他把宴会______ ānpái在饭店，要请99个朋友，因为9是______ jílì的数字。
(15) 我们不仅要发展现代科学______ jìshù，也要______ bǎohù好我们的地球。
(16) 在飞机上我请那个人把手机______ guān上，可是他______ gēnběn不听。
(17) 孙悟空又______ chéngshí又勇敢又聪明，他总是能把师父______ jiù出来。
(18) 祥子很______ xīnkǔ地工作，但钱被骗走了，他太______ kělián了！
(19) 我得______ qǐngjià去接朋友，______ tíqián半个小时到机场。
(20) 她对这里的工作和生活非常不______ mǎnyì，决定______ líkāi这个地方。